이봐, **친구!**
그거 **알아?**

핸드폰비를
내려면
돈이 있어야
한다는 걸

이미진 꿈을 안고 일본으로 혼자 건너가 자동차 디자인 공부를 하며 20대를 치열하게 살았다. 도쿄 커뮤니티 아트 스쿨을 졸업하며 꿈을 이루는가 싶었는데, 2008년 금융위기와 2011년 일본대지진으로 모든 것을 포기하고 맨손으로 한국에 돌아왔다. 30대에 내 자산을 지키기 위해 닥치는 대로 돈에 대해 배우기 시작했다. 한화금융네트워크 교육 담당, 한국창의진로교육원 강사, 에디아 교육원 직업체험 강사를 거쳐 개인 맞춤 재무상담을 했다. 시니어협회에서 은퇴 플랜 강의를, 용인작은도서관에서 어린이금융교육을 진행 중이다. 지은 책으로 《돈 없이도 하는 재테크》, 《일본에서 일하면서 산다는 것》(공저), 《일본에서 한 달을 산다는 것》(공저)이 있다.

이메일 latto80@naver.com

이봐, 친구!
그거 알아?

핸드폰비를 내려면 돈이 있어야 한다는 걸

이미진 지음

씨큐브

2030세대여, 자산 증식에도 트렌드가 있다

지금의 나는 20년 전의 나에게 어떤 조언을 할까?

영끌을 해서 강남의 아파트를 사라고 할까?

묻지도 따지지도 말고 비트코인을 사라고 할까?

　나보다 20년 더 사신 어르신들은 안정된 직장에 입사해, 매달 따박따박 받는 월급으로 정기적금과 청약통장에 저축하라고 말씀하셨다. 그분들은 내 세대에 맞는 돈 관리와 투자법에 대해서는 안타깝게도 조언해주지 않았다. 20대~30대에 돈이 없어서 온갖 시행착오를 겪었던 나는 나이가 먹어서야 자산 증식에도 트렌드가 있다는 걸 뒤늦게 알게 되었다.

현재 2030세대가 알아야 할 자산 증식 트렌드가 분명 존재한다. 용돈을 받는 청소년도, 아르바이트를 하는 대학생도 천 원부터 소액 투자가 가능한 미니스탁에 투자도 해보고, 천 원부터 모아보는 카카오뱅크 26주적금도 시작해보고, 가상화폐 투자도 해보면서 재테크 재미를 느껴보기 바란다. 예나 지금이나 '묻지마투자', '몰빵저축'이 위험한 거지 재테크 자체는 트렌드에 따라 끝없이 시도해야 한다. 아무리 잘 벌어도 관리와 투자를 제대로 못하면 작은 위기만으로도 당신이 누리고 있는 평화로운 삶이 한 순간에 지옥으로 변할 수 있다. 게다가 혼자 살수록 자산 증식 트렌드에 더 관심을 갖고 삶에 적용시켜야 한다.

나의 20대는 어땠냐고? 자동차 디자인을 공부하기 위해 일본으로 건너갔다. 월급 많이 주는 회사에 입사해서 멋진 자동차를 만드는 디자이너가 되는 게 꿈이었다. 그리고 바로 깨달았다. 멋진 자동차를 만드는 디자이너가 되려면, 멋진 자동차를 탈 수 있는 경제력을 먼저 갖춰야 한다는 걸 말이다. 그 사실을 좀 더 일찍 알았다면, 20대에 경제적 시행착오를 훨씬 덜

겨지 않았을까 싶다. 나는 부모님께 죄인이었다. 공부를 제때 끝내지 못해 죄인이었고, 취업을 제때 하지 못해 죄인이었고, 결혼마저 제때 하지 못해 죄인이었다. 어느새 사회적인 시간에 나를 맞추지 못해 중죄인이 되어 있었다.

30대까지 죄인으로 살고 싶진 않았다. 당장 돈에 대해 무섭게 배워나갔고 재무 설계와 재무 강의를 하면서 2030세대 청춘들을 만나 상담을 진행하기 시작했다. 돈 벌기에 올인했지만 세금에 무관심한 탓에 오히려 빚더미에 앉거나, 잘못된 소비 습관 때문에 돈이 줄줄 새고, 이제 막 사회생활을 시작했는데 낮은 신용등급 때문에 대출을 거절당한 청춘들을 만났다. 열심히 살고는 있지만 그들 역시 죄명만 다를 뿐 과거의 나처럼 죄인이 된 채 살아가고 있었다. 그들에게 돈에 대해 진짜 알아야 할 것이 무엇인지, 있는 돈을 잘 지켜내는 습관을 어떻게 만들 수 있는지 그것만이라도 꼭 알려주고 싶어 이 책을 쓰게 되었다.

한 달에 3백만 원을 버는데도 핸드폰비가 연체되고, 취직

기념으로 생애 첫 명품지갑을 샀지만 고장 난 냉장고 바꿀 돈은 없어서 생존의 위기를 겪어야만 했던, 내가 만났던 수많은 2030세대들이 가장 자주 맞닥뜨리는 위기 상황을 상정하고 그에 맞는 돈 관리법을 담았다. 특히 혼자 살다가 이런 위기 상황에 닥친다면 이 책을 믿고 적용해보길 바란다. 어렵게 번 돈부터 잘 지켜내는 재테크 습관이 생기고 결국 당신의 삶이 위기로부터 구해질 것이다.

인생에 위기와 기회는 늘 함께 온다. 위기를 기회로 만들려면 최소한의 총알이 필요하다. 내 손에 들어온 소중한 자산을 절대 놓치지 말자. 자산을 스스로 지키는 힘은 돈에 익숙지 않은 젊은 시절부터 조금씩 쌓아나가야 한다. 부디, 이 책을 읽고 있는 당신이 자산 증식의 트렌드를 나처럼 늦게 깨달아 죄인이 되지 않기를 바란다. 앞으로 다가올 새로운 부의 흐름을 읽고 대비할 수 있기를 진심으로 바란다.

이미진

차례

1장

한 달 핸드폰비
낼 돈이 없다니

"넌 코스모스야. 아직 봄이잖아. 찬찬히 기다리면
가을에 가장 예쁘게 필거야.
그러니까 너무 초조해하지마."
― 드라마 〈스타트업〉 중에서

"돈은 버는데 핸드폰 요금 낼 돈도 없다면 뭔가 크게 잘못된 거겠죠?"

추운 겨울 처음 만난 S는 나에게 첫인사도 없이 대뜸 물었다.

S는 문화센터에서 발레를 가르치는 '발레 선생님'이었다. 발레리나답게 팔과 다리가 길쭉길쭉하고 얼굴도 작았다. '피팅 모델'로 아르바이트만 해도 먹고 살 것 같았다. 도대체 왜 핸드폰 요금 낼 돈이 없는지 궁금했다.

S는 외로워 보였다. 돈 이야기를 할 때마다 누군가를 원망하고 미워했다. 발레는 돈이 많이 필요한 예체능 과목 중 하나다. 어렸을 때는 돈 걱정 없이 살았을 것 같았다. '핸드폰 요금은 보통 10만 원 미만 아닌가? 내가 모르는 비싼 핸드폰 요금이 있는 걸까?'라는 생각이 들 때쯤 S의 진짜 이야기가 시작되

었다.

스물세 살 대학 졸업을 앞두고 S의 아버지는 갑작스럽게 교통사고로 돌아가셨다. 회사와 집으로 빚쟁이들이 들이닥치고 영화와 같은 일이 벌어졌다. 직장 한 번 안 다녀보고 졸업과 동시에 결혼했던 어머니는 남편 장례식 이후 정신이 반쯤 나가셨다.

S도 두려웠지만 용기를 내 일을 시작했다. '왜 그 용기를 S만 내야 했을까?' 어머니는 대학교 교육까지 받은 고학력자였다. 아버지의 '가장 바톤'은 어머니가 이어받아야 했다. S는 아무런 준비 없이 추운 겨울 생계형 가장이 되었다.

직장인을 위한 새벽반, 유치원 수업, 그리고 주말에는 입시생들을 가르쳤다. 일만 할 수 있다면 몸이 아파도 강습을 이어나갔다. 악착같이 버티던 S에게 황당한 일이 생겼다. 시간 단위로 움직여야 하는 강사들에게 핸드폰은 모든 수업 의뢰와 소개 요청이 들어오는 돈줄인데 핸드폰 요금 68,000원이 통장에 없어서 핸드폰이 정지될 예정이라는 안내 문자를 받은 것이다. 빈 통장 계좌를 보며 S는 하루 종일 울었다고 한다. 결국, 대학교 입학 선물로 받았던 명품 시계를 중고 숍에 팔고 나서야 핸드폰 요금을 납입할 수 있었다.

하지만 통장 잔고보다 S를 더 힘들게 한 건 어려운 시기에 연락된 친구들이었다. 오랜만에 만난 친구들이 반가웠던 것도 잠시, 시간이 지나면서 사정을 알게 된 친구들은 S를 곧잘 무시하곤 했다. 그럴수록 괴로움을 잊기 위해 더 비싼 옷과 가방으로 S는 자신을 치장했다. 친구들과 어울릴 때는 핸드폰 요금을 걱정하는 가난한 발레 선생님이 아니었다. 하지만 방에 쌓여 있는 옷과 가방, 구두를 볼 때마다 S는 답답했다. 삶을 포기하려고도 했지만 용기조차 없었다. S의 아버지가 갑작스럽게 돌아가시지만 않았다면, 또는 어머니가 생계를 책임졌더라면 어땠을까? S는 정신과 선생님께 주기적으로 상담을 받고 있었다.

사회생활을 위한 정신적, 물질적 기본기는 부모님으로부터 일정 정도 도움을 받아 준비했어야 한다. S에게 생계를 유지하려면 핸드폰 요금 정도의 비상금은 반드시 준비하라고 누군가는 알려줬어야 한다. 부모든 사회든 그 누군가는 말이다. 아무런 준비 없이 어머니까지 돌봐야 했던 S가 얼마나 힘들었을까? S의 잘못이 아니라고, 단지 준비가 안 된 것뿐이라고 말해줄 수밖에 없었다.

● 마음의 병에 걸린 S
●
● "언니, 저 예전으로 돌아갈 수 있겠죠?"

첫 만남에서 S는 빛나던 모습으로 돌아갈 수 없을까 봐 불안
한 목소리로 물었다.

S가 불안감을 덜고 밝게 웃는 모습이 보고 싶었다. 그래서 S
에게 묻고 또 물었다. 어릴 적 꿈이 무엇인지, 최근에 꾸게 된
꿈이 무엇인지, 하고 싶은 일이 있는지. 그런데 이야기를 들을
수록 과거의 시간들이 현재의 그녀를 망치고 있다는 사실을
알게 되었다. 핸드폰 요금도 없던 시절, 클럽에 가고 충동구매
를 했던 이유는 외로움을 홀로 견뎌야 하는 일이 무엇보다 힘
들어서였음을 알게 되었다. S에게는 마음의 병을 고치는 일이
돈을 모으는 일보다 시급해 보였다.

얼마 전 영국은 세계 최초로 '외로움 담당 장관'을 임명하고
외로움 실태 조사를 실시해서 대책을 수립하겠다고 나섰다.
국가에서 장관을 임명해 대책을 세울 정도로 '외로움'을 심각

하게 다루기 시작한 것이다. 우리나라도 S처럼 외로움으로 마음이 힘든 사람들을 위한 '마음관리 산업'이 등장했고 반려견과 반려식물을 키우는 사람이 늘고 있다.

나 역시 20대 때 꿈을 품고 떠났던 일본에서 갑작스럽게 겪게 된 지진으로 마음이 힘들어지면서 결국 꿈을 접고 돌아와야만 했다. 꿈을 위해 정말 열심히 달렸지만 실패했다는 생각이 머릿속을 떠나지 않았다. 주위 사람들은 행복한데 나만 홀로 불행하다고 느껴졌다. 그 이후 무슨 일을 하든 성공해야 한다는 강박증과 불안감이 생겼다. 마음의 병을 고칠 방법을 찾아야만 했다.

그 시절에는 반려견을 키울 돈도 반려식물을 가꿀 여유도 없었다. 돈이 없어서 집 앞 도서관에 가기 시작했다. 무료인 '반려책'을 통해 지식과 마음의 크기를 키워나갔다. 어렵고 힘든 시절 읽었던 책이 천호식품 회장님이 쓴 하루 벌어 하루 먹고 사는 인생을 위한 지침서《10미터만 더 뛰어봐》란 책이다. 사업에 실패한 뒤 하루에 소시지 한 개와 소주 한 병으로 허기를 달래며 천호식품을 만들어 낸 이야기였다. 당시 나는 취업 준비생으로 하루도 벌어서 먹고 살 수 없는 시기였다. S 역시 하루라도 발레 수업을 하지 않으면 핸드폰 요금을 낼 돈도 없었다. 《길 위에서 하버드까지》, 《무조건 살아. 단 한 번의 삶이니까》 등 절망의 끝에서 고통을 이겨낸 사람들의 책을 읽고 S도 위로를 얻길 바랐다. S의 충동구매를 잠재우려면 마음의 안정이 최우선이었다.

S는 내가 추천해준 책 중에서 가장 두꺼운 《길 위에서 하버드까지》를 선택했다. 두껍다고 걱정하는 나에게 그녀는 "책을 읽는 동안에는 클럽에 가지 않을 것 같아서요. 그러니 두꺼울수록 좋잖아요. 그리고 저는 적어도 길 위에서는 자지 않아요. 월세지만 엄마와 함께 사는 집이 있거든요. 그녀보다는 나아요."라고 말하며 웃었다.

핸드폰 요금도 없어서 우울해하던 모습은 어느새 사라지고 없었다. 스스로가 불안감을 다스리기 위해 주변 환경을 바꿀 생각을 했고 마음속에 묻어두었던 앞으로의 꿈과 계획을 밖으로 꺼내놓기 시작했다. 스물아홉 살인 S는 3년 뒤 발레학원을 차리고 5년 뒤에는 공부를 더 하고 싶다고 했다. 영어 공부도 꾸준히 하고 있었다. 최종적으로 대학에서 학생들을 가르치는 꿈도 세웠다. 발레를 배우려면 돈이 많이 필요하다며, 자신처럼 어려운 환경의 아이들을 돕고 싶어 했다. 꿈을 이야기할 때의 S는 멋있어 보이기까지 했다.

● 현명한 지출 관리의 시작

S를 두 번째 만났을 때였다. S는 다급한 목소리로 물었다.

"이번 달 카드 값이 엄청나요. 대체 어디다 다 썼을까요? 언니는 한 달에 얼마나 써요?"

"글쎄요. 가계부도 써봤지만 오래가지 못했죠. 번거롭고 귀찮았어요."

나도 역시 남들과 똑같다고 말했다. 무분별한 충동구매를 막기 위해 체크카드를 우선적으로 사용하려 하지만 나 역시 어디에 썼는지 모르게 돈이 술술 나간다. 수시로 통장을 체크하면서 지출을 줄이려 노력할 뿐이다. 월급날은 일부러 바쁘게 움직인다. 자꾸 백화점에 가고 싶기 때문이다. 빡빡한 강의 스케줄로 쉬는 시간을 없애버린 적도 있다. 나는 월급날 나에게 충동적인 선물을 잘한다. 그렇게 사들인 비슷한 디자인의 옷을 볼 때마다 후회를 반복한다. 계획성 있는 지출을 하기란 누구에게나 쉽지 않은 일이다.

정기적으로 발생하는 '고정지출'과 비정기적으로 발생되는 '변동지출'을 구분해야 한다고 말해주었다.

"어머! 지출이라고 다 같은 지출이 아닌가요?"

S가 혼란스러워했다.

첫 만남에서 다음 번 만날 땐 지출 관리를 위해 6개월치 신용카드 내역서와 생활비 명목을 정리해오라고 했는데 S는 모든 걸 잘 준비해왔다. 성실한 학생이었다. 나와의 만남을 통해 제대로 계획을 세우려는 의지가 보였다. 명세서를 보면서 형광펜으로 '어디서, 언제, 왜' 돈을 쓰는지 체크해나갔다. S가 같은 장소, 같은 시간대에 동일한 금액을 반복적으로 지출한다는 사실을 알 수 있었다. 주로 문화센터와 집 주변에서 지출이 일어났고 불금인 금요일에는 여지없이 클럽에서 돈을 썼다. 첫 만남 때 클럽을 간다고 고백은 했지만 막상 카드 명세서에 찍힌 금액을 직접 보더니 무척 놀라워했다.

"언니, 생각보다 더 많이 쓴 것 같아요. 아무래도 클럽 가는 횟수를 줄여야겠어요."

S가 먼저 문제점을 말했다.

"줄일 방법이 있겠어요?"

"카드 내역서를 보니까 화요일과 목요일엔 돈을 안 쓰네요. 그날은 새벽부터 직장인반 수업이 있고 오후엔 유치부 수업이 있거든요. 저녁엔 영어 학원에 가요. 일주일 중에서 가장 바쁜 날들이죠. 결국 바빠서 돈 쓸 시간이 없는 거네요. 그렇다면 금요일엔 아무래도 전에 관뒀던 개인교습을 다시 시작해야겠어요. 그리고 수업 끝나고 편의점을 자주 가는데 제가 2+1에 좀 약한 편이에요. 엄마랑 저랑 둘밖에 없는데…… 2+1을 사면 덤으로 뭔가를 얻는 기분이라 필요하지도 않은데 사게 돼요. 생각보다 편의점 지출이 많네요. 참, 저 지난번에 언니랑 만나고 나서 충동구매로 사놨던 옷이랑 가방들 중고 숍에 팔아서 이번 달 생활비는 마련해 놨어요. 집에 안 쓰는 코펠이랑 소형 가전도 아파트 중고장터에 올려서 3만 원 받았어요. 다음에는 '당근마켓'도 이용해 보려고요."

S의 말을 듣고 있으니 더 이상의 상담이 필요 없을 것 같았다. 자신이 돈을 어디에 쓰고, 문제점이 무엇인지 단번에 파악했다. 안정감을 찾은 그녀는 그럴듯한 해결책까지 스스로 생각해냈다. 지출 관리뿐만 아니라 소득까지 늘렸다. 핸드폰 요

금을 걱정하던 그녀는 이제 없다. 돈을 모으려면 역시 마음의 안정이 최고다.

● 남들 따라서 저축하지 마라

먼저 '고정지출'을 체크해보기로 했다. S는 매달 월세 30만 원과 핸드폰 요금 9만 원, 교통비 10만 원과 엄마 용돈 20만 원, 영어학원 수강료 5만 원, 자유적금에 5~10만 원, 엄마와 자신의 보험료로 10만 원과 병원비까지 총 94만 원+a의 고정지출이 잡혀있었다. 이 중에서 투자성 지출인 자유적금은 가입한 지 1년이 됐지만 잔고는 30만 원밖에 되지 않았다. 나는 그 이유를 물었다.

"여기 자유적금 상품이 있네요. 혹시 특별히 가입한 이유가 있나요?"

대답이 바로 나올 줄 알았는데 순간 정적이 흘렀다.

"음…… 저축을 아예 안 하면 꼭 생각 없이 사는 것 같아서요. 은행에 근무하는 친구가 추천해줘서 했어요. 친구가 자기도 가입했다고 해서 이율도 모르고 시작했어요. 주택 청약도 같이 추천받았는데 그건 여유가 없어서……. 나중엔 주택 청약도 가입하려고요. 돈이 하도 안 모여서 정신을 차리려고 시작했는데 생각처럼 저축이 안 되더라고요."

저축을 시작했으니 칭찬을 해줘야 할지, 목적도 없이 친구 따라 강남 가는 식의 저축한 걸 뭐라고 해야 할지 난감했다. 그래도 정신을 차리려고 시작했다는 말에 다행으로 생각하기로 했다. 지금까진 목적성이 없는 저축이었으니 목표 자금을 만들어주고 이름도 붙여주기로 했다.

"그런데 주택 청약은 왜 가입하려고 해요?"

"주변에서 꼭 가입해야 한다고 추천을 많이 하더라고요. 나중에 집 살 때 좋다고. 은행 친구도 얼마 전에 생애 첫 주택에 당첨됐대요. 4억이 넘는 집인데 대출 끼고 집을 살 거래요. 그때나 지금이나 저한텐 꿈같은 얘기죠. 대출금에 이자까지 어떻게 감당할 거냐고 걱정했더니 부동산은 안 떨어진다고 자신 있게 말하더라고요. 그리고 안 되면 분양권만 팔아도 이익이래요. 도대체 무슨 말인지 하나도 모르겠더라고요. 친구의 상황이 저랑은 틀리고. 친구한테 좋다고 저한테 다 좋은 것도 아닌 것 같은데."

영원불패의 신화를 달성했던 부동산 재테크 이야기다. 생애 최초주택 특별공급 청약자격은 혼인 중이거나 자녀가 있어야 한다. 말 그대로 평생 한 번만 지원할 수 있다. S에게 결혼에 대해 물었지만 당분간은 여유가 없다고 했다. 또 결혼은 하고 싶지만 아이는 출산할 생각이 없다고도 했다. S에게 집보다 시급한 건 먹고 살 생활자금을 마련하는 일이었다.

"맞아요. 친구 따라 시작한 목적성 없는 저축은 오래 못 가요. 혹시 내년에 서른 살인데 하고 싶은 일 있어요?"

"서른 살 선물로 엄마랑 단둘이 여행을 하고 싶어요. 아빠 돌아가시고 여행 다녀온 적이 없어서요."

또 목소리가 작아졌다. 갑자기 위기가 찾아온 건 S의 잘못이 아니다. 7년 동안 포기하지 않고 열심히 살아온 S는 칭찬받아 마땅했다. S가 엄마와 함께 여행을 떠났으면 좋겠다. 여행에서 돌아오면 돈을 모으는 재미와 행복으로 더 큰 꿈을 계획할 것이기 때문이다.

"그럼, 자유적금 통장을 여행자금용으로 하고 이름을 '축, 엄마랑 여행통장'으로 하죠! 딱 50만 원이 모이면 엄마랑 여행 가는 걸로. 벌써 30만 원 저축되어 있네요."

다음은 '변동지출'을 생각해보기로 했다.

"변동지출은 예를 들면 갑작스럽게 발생하는 경조사비용 같은 걸 말해요. 의외로 경조사비가 지출을 많이 차지하죠."

"내년에 서른 살이 돼서 그런지 올해 결혼하려는 친구들이 많아요. 결혼하면 여지없이 돌잔치 연락이 오구요. 결혼 축의금도 간신히 마련하는데. 지난번에도 친구 아버님이 돌아가셨는데 현금이 없어서 가지고 있던 가방을 명품 중고 숍에서 팔았어요. 돌잔치는 또 얼마를 내야 할지 몰라서 최근에는 피하고 있어요."

요즘 2030세대는 인간관계도 포기하는 N포 세대라는 말이 저절로 떠올랐다.

"어머님께 매달 드리는 용돈 이외에도 어버이날, 생신날, 명절날 용돈을 따로 챙겨드리죠? 그것도 변동지출에 해당돼요. 저도 전에는 경조사를 열심히 다녔어요. 그런데 지출이 너무 크더라고요. 차라리 그 돈을 부모님과 가족한테 주고 싶었어요. 그래서 혼자 참석할 때는 용돈에서 5만 원, 이벤트 통장여행 통장에서 5만 원을 인출해요. 남을 의식한 무리한 경조사비 지출은 바람직하지 않다고 생각했죠. 가깝지 않은 지인은 참석은 안 하고 5만 원 미만의 선물을 하는 편이에요."

"맞아요. 지금 생각해 보니 돈이 갑자기 필요할 때가 있었어요. 그럴 때마다 자유적금통장에서 출금을 했어요. 앞으로는 좀 더 현명하게 지출을 해야겠어요."

그녀는 의미심장한 눈빛과 목소리로 말했다.

● 빅데이터를 활용한 위기관리

"좀 더 현명한 지출 관리를 위해 빅데이터와 지출 관련 프로그램을 이용하는 방법이 있어요. 생활비를 직접 적어보니까 어땠어요?"

"생각보다 쉽지 않았어요. 영수증이 어디 있는지도 모르겠고 쓴 돈이랑 남은 돈 맞추기도 쉽지 않았어요. 사실 귀찮았어요. 그런데 프로그램을 배워야 하나요? 컴퓨터 잘 못 쓰는데……."

"핸드폰으로 인터넷뱅킹 하죠? 저는 KB국민은행이랑 카카오뱅크 두 계좌와 카드를 사용해요. KB는 월급통장이에요. 수입만 관리하죠. 고정지출과 변동지출은 카카오뱅크로 이체해

따로 관리해요."

한 달 동안 지출하고 남는 잔액은 월말에 KB국민은행 계좌로 다시 이체한다. 재테크 책에서 이야기하는 일명 '통장 쪼개기'다. 예를 들면 월급통장, 생활비통장, 저축통장, 긴급자금통장을 다 따로 만드는 것이다. 여기서 통장 개수보다 중요한 건 '선저축 후지출'을 하며 잔고를 잘 관리하는 것이다.

이제는 카카오뱅크 사용 내역만 봐도 어디에 사용했는지 파악할 수 있게 되었다. 좀 더 꼼꼼한 지출 관리를 원한다면 '뱅크샐러드' 앱을 이용한다. 소비 내용과 금융 정보를 알려주고 자산 관리까지 해주는 종합 자산 관리 프로그램이다. 공인인증서 1회 인증으로 내가 가진 전 계좌의 자산현황, 카드 사용 내역을 한번에 알려준다. 이제 금융회사별로 따로 체크할 필요가 없다. 지출 내역을 분석해서 리포트 형식으로 보내주기 때문에 현명한 지출 습관도 만들 수 있으니 안 쓸 이유가 없다.

"한번 해봐야겠어요. 저도 할 수 있을 것 같아요!"

귀찮고 복잡하게 생각했던 지출 관리를 S에게 맞는 프로그램을 사용해 정리해보기로 했다. S에게 제대로 된 금융 환경을 만들어주고 싶었다. 다시는 예전처럼 충동구매 하는 일도, 어

디에 돈을 썼는지 몰라 급기야 핸드폰이 끊기는 위기 상황에
내몰리는 일도 되풀이되지 않았으면 싶었다.

2장

냉장고가
고장났어요

"자기 힘으로 일어서야

그걸 지킬 수 있는 거야."

—드라마 〈청춘기록〉 중에서

"전에 안 쓰는 냉장고 있다고 했지? 그거 아직도 잘 있어?"

오랜만에 연락한 지인은 내 안부 대신 냉장고의 안부를 물었다.

"네. 미니냉장고인데 필요하시면 드릴게요."

지인은 회사에서 일하는 자기 사촌동생이 한 달 동안이나 냉장고 없이 생활하고 있다며 혼자 사니 작아도 괜찮을 거라고 했다. 6개월이나 일했는데 냉장고 살 돈도 못 모아놨다며 한숨을 쉬었다. 그러면서 사촌동생의 재무 설계를 부탁했다. '사무용 냉장고는 30만 원이면 사는데…… 혼자 살면서 왜 30만 원도 저축을 못 했을까? 밥은 먹고 살았을까?' 냉장고 없이 한 달을 생활한 H가 궁금해졌다.

미니멀리스트인 이나가키 에미코는 책《퇴사하겠습니다》에

서 '냉장고란 현대인의 삶에 빼놓을 수 없는 요소이자 생명 그 자체라고 해도 과언이 아니다. 우리의 소화 기관은 냉장고와 직결된다고도 볼 수 있다'고 했다. 현대인들에게 냉장고 없이 살 수 있냐고 물으면 단연코 불가능하다고 대답할 것이다. 그 불가능한 일을 H가 해낸 것이다. H에게 호기심도 동하고, 살면서 꼭 필요한 생존자금의 필요성도 알려주고 싶어서 냉장고를 가지러 온 H에게 나는 이것저것 묻게 되었다.

7일간의 중국 출장을 마치고 밤 10시쯤 집에 돌아왔는데 현관문을 열고 들어서니 안락한 집은 공포의 장소로 변해 있었다고 H는 회상했다. "집안에선 온통 쾌쾌한 냄새가 났고, 바닥에 물이 흐르고 있어 구정물을 따라가 보니 냉장고가 고장 나 있었어요. 냉동실에 있던 오징어는 흐물흐물해졌고 냉장실에 있던 우유는 발효가 진행되어 요구르트 상태가 됐더라고요." H가 만약 그 우유를 무심코 마셨다면 어떻게 됐을까? 역시 냉장고는 생명과 직결된 물건임에 틀림없다. 늦은 시간이라 A/S 직원을 부를 수도 없어 피곤한 몸을 이끌고 밤새도록 혼자 냉장고 청소를 했단다. 2일 뒤 A/S 직원이 왔지만 냉장고 부품이 없어서 고칠 수가 없었다고 했다. 예상치 못한 위기가 H에게 닥친 순간이었다.

● 생존자금
●
● "그럼 냉장고를 바로 샀어야죠. 이렇게 더운 여름에 어떻게 냉장고 없이 한 달을 버텼어요?"

H는 중국 출장에서 돌아오는 날 면세점에서 명품 지갑을 샀다. 생애 첫 명품 구입이었지만 언제나 그렇듯 그건 사회초년생들이 가장 많이 하는 실수다. 취업 준비로 받았던 스트레스를 6개월 만에 명품지갑으로 푼 대신 통장 잔고를 '0'으로 만들었다. 냉장고가 언제든 고장 날 수 있다는 걸 몰랐을까? 예상치 못한 위기는 H의 생명을 위협했다. 인생에서 위기는 도처에 깔려 있다.

명품지갑 가격은 30퍼센트 할인을 받아 36만 원. 소형 냉장고 한 대 값이다. 즉, H에게 꼭 필요한 생존자금이었다. 생존자금을 지갑과 맞바꾼 셈이다. 부모님 드릴 건강식품까지 사고 나니 통장 잔액이 9,800원이었다고 한다. 그나마 가진 돈에 딱 맞춰 샀다고 칭찬해줘야 하나 싶었는데, H에게는 12개월 할

부로 산 최신형 노트북과 핸드폰 할부도 남아 있었다. 지인이 동생을 한심하게 생각한 이유를 알 것 같았다. 다음 달이라고 나아질 것 같지도 않아서 지인은 꽤씸해서라도 냉장고를 사주지 않았던 것이다.

수입은 갑자기 늘어날 수도, 갑자기 줄어들 수도 있다. 일을 아예 못하게 되거나 가족들에게 일어난 갑작스런 사고로 내 경제가 흔들릴 수도 있다. 위기를 대비한 최소한의 자금이 필요한 이유다. H는 직장인이다. 매달 급여의 10퍼센트씩이라도 생존자금을 모아둔 사람이라면 사업문제, 주택자금, 교육자금, 비상자금, 노후자금으로 사용할 수 있다. 어떠한 위기 상황에도 생존자금은 힘이 된다.

H에게 최소한의 생존자금을 모으는 방법에 대해 알려주기로 결심했다.

● 저축, 어디에 하세요?
●
●
스물다섯 살 청년 H는 지루할 정도로 말이 느렸다. 재무 설계를 하려면 사람 성향과 자금 상황을 파악하기 위해 첫 만남에서 최대한 많은 정보를 얻어야 한다. 병원에 가면 의사가 '어디가 안 좋아서 오셨어요?'를 시작으로 다양한 질문을 던지고 환자의 답변을 기다리는 것과 같다.

오랜 침묵 끝에 H는 10년 정도 저축해서 창업 자금 1억을 만들고 싶다고 했다. 자동차 정비소 CEO가 되는 게 목표라며 해맑게 웃었다. 꿈을 위해 전라도 광주에서 서울로 올라왔기에 가족과 떨어져 홀로 생활하면서 사촌누나네 회사에서 일을 하며 돈을 모으고 있었다.

첫 번째 질문을 던졌다.

"저축은 어디에 하세요?"

"……."

그의 침묵을 더 이상 견딜 수 없어 다시 물었다.

"주거래 통장이 어느 은행이죠?"

"……."

'혹시 외국인인가?'라는 생각마저 들었다. 마지막이란 생각으로 한 번 더 질문을 던졌다.

"급여통장은 있으시죠?"

이번에도 대답이 없으면 상담을 중단할 생각이었다.

"……기업……은행이요."

H는 지루한 사람이 아니라 진중한 청년이었다. '저렇게 진중한 성격이라면 왜 재무 상담이 필요할까?' 그동안 내가 만나본 진중한 사람들은 안정적인 투자 성향이 강했다. 그들은 직장생활 30년 동안 물가보다 낮은 이자를 지급하는 은행 상품에 급여의 일정 부분을 매달 저축하는 투자 방식을 선호했다. 회사에서 해주는 퇴직연금에 가입해 안정적으로 종잣돈과 은퇴자금을 마련하길 원한다. 진중한 H도 은행에 가면 될 것 같았다.

저축통장을 묻는 이유는 투자 성향을 파악하기 위해서다. 사람들은 재무적 조언을 얻으려고 왔는데 대뜸 저축은 어디에 하고 있냐고 물으니 당황하는 것 같다. 이때 당황하는 사람들의 대부분은 급여통장과 연결된 은행에 '몰빵저축'을 한다. 가계부나 지출 현황에 대해서도 대체로 관심이 없다. H 역시 급여통장을 계획성 있게 사용하지 않았다.

내가 물었을 때 자산관리 앱을 켜서 OO은행에 얼마, OO보험에 얼마, OO증권사 펀드에 얼마, 부동산에 얼마 하는 식으로 답변하는 사람들은 꼼꼼하고, 목적이 없는 통장 쪼개기는 하지 않는다. 자산관리 앱을 통해 매달 소득과 지출을 관리했는데도 돈이 모이지 않아서 그 문제점을 파악하려고 재무 설계사를 찾는다. 질문의 이유를 설명해줬더니 자신의 재무 지식이 부족한 것에 대해 미안해했다.

학교에서는 알려주지 않았다

아무도 H에게 저축하는 방법에 대해 알려주지 않았다. H가 미안해할 이유는 없었다. 학교에서 세금과 이율, 비상자금의 필요성에 대해 알려줘야 한다. 많은 학생들이 빚을 지며 공부를 한다. 직업을 갖기 위해 대출을 받아 대학교를 가고 대학원을 가고 유학을 간다. 돈을 많이 버는 직업을 갖기도 전에 빚쟁이가 되는 것이다.

나에게도 재무지식을 알려주는 사람이 없었다. 돈을 어떻게 쓰고, 저축하는지 배웠던 적은 없다. 그저 공부를 열심히 해야 좋은 직업을 갖는다고만 배웠던 것 같다.

돈을 많이 벌고 싶어서 자동차 디자이너가 되고 싶었다. 학비가 부족해 대출도 받아가며 공부했다. 하지만 내가 꿈꾸던 디자이너가 되기도 전에, 9.5퍼센트의 대출금과 이자^{2011년 보험}^{상품 약관대출 이율}를 갚아야 했다. 대출은 내 인생 최고의 실수였다. '좋은 차를 만들면 뭐해. 좋은 차를 살 돈이 없는데…….' H에게도 이건 개인의 잘못이 아닌 교육의 문제라고 위로했다. 이제부터 배우면 될 일이다.

H가 취업해서 받은 6개월간의 평균 급여는 163만 원이었다. 소득을 계산할 때는 근로계약서 상의 금액이 아닌 통장에 실제로 찍히는 금액을 체크해야 한다. 회사별로 성과급 지급 시기와 공제하는 금액의 퍼센트가 다 다르기 때문이다. 우리는 함께 카드 지출 내역을 살펴보았다. 12개월 할부로 산 최신형 핸드폰과 노트북, TV 값이 매달 고정적으로 월 36만 원씩 지출되고 있었다. 집이나 자동차를 마련하려면 목돈을 모아야 하는데, 취업의 기쁨에 취해 급여가 입금되는 날마다 최신 가전제품을 사면서 잘못된 성취감을 느끼고 있었다. 사촌누나의 회사니까 쉽게 잘릴 일도 없어 매달 입금되는 급여의 늪에 빠진 것이다. 부모님의 내복은 사드렸냐고 물어보고 싶었다.

그 외에 하루에 1만 원, 주말에는 2~3만 원의 돈을 같은 편의점에서 주기적으로 사용하고 있었다. 한 달 동안 편의점에서 소비하는 돈이 30만 원+∝였다. 아침과 저녁을 편의점에서 해결한다고 했지만 미파악 지출도 50만 원이 넘었다. 게다가 편의점에서 식사를 해결하면 건강에도 문제가 생길 것 같았다.

'목표 자금 1억은 도대체 언제 모으려고 하는 걸까?' 6개월 동안 생존자금 30만 원도 모으지 못한 상태다. 10년은커녕 이 상태로 은행에 '몰빵저축'까지 한다면 15년이 더 걸려도 모자랄 판이었다. 나는 H의 꿈을 깨고 싶지 않았다. 내가 20대에 겪었던 암울함을 H는 겪지 않길 바랐다. 자기 힘으로 목표 자금을 모으고 자동차 카센터 CEO가 되었으면 좋겠다는 마음으로 재무 지식을 하나하나 알려주었다. 다시는 냉장고 살 돈도 없어서 생존의 위협을 받지 않도록 말이다.

● 위기에서 빛날 저축통장
●
●
2021년 우리는 고물가저금리 시대에 살고 있다. 이자가 붙어도 모르고 지나간다고 할 만큼 금리가 낮아졌다. 은행 이자로 돈 버는 시대는 끝났다. 물가는 매년 4~5퍼센트 이상씩 오르는

데 0퍼센트대 금리로 어떻게 돈을 벌 수 있겠는가. 그리고 언제든 입출금이 가능한 자유저축은 쉽게 돈을 찾을 수 있기 때문에 돈이 모이지 않는다. 6개월이라는 시간을 허비하긴 했지만 H는 자신이 원하는 꿈을 확실히 알고 있었다. 10년 뒤, 자동차 정비업소 CEO로 만족하기에는 아직 젊었다.

지금까지의 '물빵저축' 방식을 바꾸기로 했다. '사회초년생 10년 안에 1억 만들기', '미혼일 때 월급의 50퍼센트 이상은 저축해라' 등은 위험한 방법이다. 위기에 처했을 때 H를 구해줄 수 없다. 1억을 만들려면 매달 100만 원이 넘는 돈을 7년 동안 저축해야 한다. 2016년 국내은행 예·적금 중도 해지율은 35.7퍼센트였다. 그중에서 적금의 중도 해지율은 40.8퍼센트였다. 10명 중 4명이 만기 전에 적금을 해약한다는 뜻이다. 적금을 넣었다가 예상치 못한 일이 발생하면 그 돈이 전부인 H는 저축을 포기할 수밖에 없다. 원금을 찾을 수 있는 상품에 가입했다면 다행이지만, 그렇지 못한 경우라면 다시는 저축하고 싶지 않을 것이다.

돈 관리를 어렵게 생각하는 H에게 쉬우면서도 저축하는 재미가 있는 상품을 추천해주었다. 주민등록증만 있으면 은행도 가지 않고, 공인인증서도 필요 없는 '카카오뱅크 상품'으로만 저축계획을 세웠다. 급여 통장인 기업은행 계좌에 연결해서 사용하기로 했다. 수시 입출금통장, 소액 적금, 목돈계좌, 자투리 돈을 저축할 수 있는 저금통까지 총 4개의 카카오뱅크 계좌를 개설했다. 카카오뱅크 앱에서 4개의 계좌와 기업은행 잔고가 한번에 보이기 때문에 돈 관리가 편리하다. H가 카카오뱅크와 연결된 카드를 이용한다면, 소득과 지출 분석도 카카오톡 자산관리 페이지에서 월별 흐름을 한눈에 확인할 수 있다.

지금처럼 냉장고가 고장 나는 위기의 순간이 발생했을 때 H를 지켜줄 첫 번째 저축통장으로 카카오뱅크의 26주 적금을 선택했다. 1,000원이라는 소액으로 시작하는 적금 상품이다. 1년 적금이 길다고 생각하는 사람을 위해 6개월만 저축을 해보는 상품이기도 하다. 1,000원, 2,000원, 3,000원, 5,000원, 1만 원 중 금액을 선택하면 매주 같은 금액만큼 증액하여 26주간 저축하는 시스템이다. 로그인 할 때 공인인증서 입력도 필요 없이 패턴 하나로 로그인이 가능하다. 여유가 있다면 추가납입도 가능하다. 출금 후 잔액이 10만 원 이상이면 긴급출금도 2회 가능하다.

예를 들어, H가 매주 토요일마다 3,000원씩 증액하는 26주 적금에 가입했다고 하자. 1주차 토요일에 3,000원, 2주차에 6,000원, 3주차에 9,000원, 그리고 26주차에는 78,000원을 입금하게 되는데 만기예상원금은 1,053,000원이 된다. 여기에 연 1.30퍼센트 금리에 자동이체를 걸면 0.2퍼센트포인트를 더받을 수 있다. 재미있는 점은 돈을 입금할 때마다 카카오 캐릭터 도장을 26주간 찍어주는데 '참 잘했어요' 같은 재미있는 칭찬 스티커를 받게 된다. 저축에 자신이 없고 금융 지식이 없어 자존감이 떨어진 '금융 초보'들은 칭찬 스티커를 받는 것만으로도 저축의 재미를 느낄 수 있다. 재미만 생기면 H도 애인 얼굴 보는 것보다 통장잔고 보는 것을 더 좋아하게 될 것이다. 냉장고 살 돈이 아니라, 집 살 돈도 스스로 마련할 수 있을 것이다.

H에게는 26주 적금상품을 5주에 걸쳐 가입시켰다. 첫째 주월요일에는 1,000원 적금, 둘째 주 화요일에는 2,000원 적금, 셋째 주 수요일에는 3,000원 적금, 넷째 주 목요일에는 5,000원 적금, 다섯째 주 금요일에는 10,000원 적금에 가입했다. 26주 뒤에는 만기 축하금을 5주간 받을 수 있을 것이다. 26주 적

금상품 다섯 개를 통해 H가 모을 수 있는 돈은 총 730만 원이다. 그 후에는 1년 동안 한 바퀴 더 돌리는 풍차식 저축 방법을 택하기로 했다.

만기금을 받으면 카카오뱅크의 '세이프박스'에 입금하게 했다. 일종의 가상 금고로 한도는 1,000만 원까지 가능하다. 26주 적금통장과 세이프박스를 활용하면 통장 쪼개기와 목돈을 모으는 통장을 나눌 수 있다. 세이프박스는 하루만 돈을 넣어도 0.5퍼센트 이자가 붙는다. 만기 축하금을 안 쓰고 목돈으로 만들기 위해 안전한 금고로 옮기는 것이다.

마지막으로 H가 자주 사용하는 입출금통장의 천 원 미만 단위는 매일매일 알아서 저금통 통장2021년 하반기 이자 2.0퍼센트으로 이체가 되도록 신청했다. 저금통 통장은 1원부터 저축이 가능하다. 즉, 매일매일 계좌에 있는 일명 '동전'을 모으는 것이다. 잔고는 한 달에 한번만 엿보기를 통해 확인할 수 있고, 평소에는 아이템을 통해 예상이 가능하다. '팝콘세트' 아이콘이 나오면 대략 9천만 원 정도의 잔고가 있다는 뜻이다. 저금통의 잔돈은 최대 10만 원까지 알아서 저축을 해준다.

푼돈을 관리하지 못하는 사람은 목돈도 만질 수 없다. 미국

의 5대 갑부인 전설적인 투자의 귀재 백만장자 워런 버핏도
"100달러를 벌기보다 1달러를 아껴라"라는 말로 작은 돈의 소
중함을 강조했다. 커피 한 잔 금액도 안 되는 작은 돈이 생존의
위기에서 당신을 구할 것이다.

● 꿈을 키워라
●
●　　책《부의 추월차선》에서 부자가 되려면 생산자가 되라고
했다. 생산자로 성공한다면 젊은 나이에도 은퇴를 할 수 있다고
저자는 확신했다. H도 생산자로 성공해서 인생의 황금기인 젊
은 시절에 원하는 것들을 소비할 수 있기를 진심으로 바랐다.
그러기 위해서는 꿈을 더 키워야 했다.

　먼저 10년 동안 저축해서 종잣돈 1억을 마련하고 서른다섯
살에 원하는 자동차 정비소 CEO가 되는 꿈을 상상해봤다. 서
른다섯 살 젊은 사장님은 멋있다. 그런데 그뿐이다. 서른다섯
살이면 여전히 너무 젊은 나이이다. 그래서 꿈을 더 키워보기로
했다. 그 후에도 10년간 돈이 더 모이는 시스템을 만들어가는
목표를 세웠다. H가 마흔다섯 살이 되면 사업을 확장하여 정

비소 프랜차이즈를 만들어 기업화하는 것으로 꿈을 키웠다. H
도 막연했던 꿈이 현실로 바뀔 수 있다는 기대감에 얼굴빛이
달라졌다.

자신처럼 어렵게 일하는 후배들을 위해 자동차 정비 교육학
교도 설립하고 싶다고 말했다. 단순한 정비소 CEO에서 지식
사업까지 생각한 H가 대견했다.

나는 H를 만난 후부터 정비소의 콘셉트와 타깃층을 고민했
다. 가끔 자동차 정기검진이나 세차를 하러 갈 때 여성으로서
느꼈던 불편했던 경험들이 생각났다. 남자들이 가득한 정비
소에 여자 혼자 들어가기 불편했던 점, 그리고 자동차에 대해
남자보다 지식이 부족해서 무시당하는 듯한 느낌이 들었던
점이 가장 먼저 떠올랐다. 그래서 H에게 자동차 정비소를 여
성들을 위한 콘셉트로 창업하면 어떻겠냐고 조언했다. '정비
소에 가면 앉아있기가 불편하다', '차를 마시면서 내 차가 고
쳐지는 과정을 직접 보고 싶다'는 등의 의견을 전하기도 했다.
나는 차가 고쳐지는 과정을 직접 보고 싶었지만 그럴 환경이
되지 않아 주변 커피숍에서 차를 마시면서 기다렸었기 때문이
다. 내 이야기를 듣고 H는 정비소와 커피숍을 동시에 하면 어

떠냐고 물었다. 나는 정말 좋은 생각이라고 칭찬을 아끼지 않았다.

더이상 H에게서 냉장고 살 돈이 없어 생존의 위협을 받던 모습은 찾아볼 수 없었다. H는 실현 가능한 더 큰 꿈을 키우고 있었다.

'하늘은 스스로 돕는 자를 돕는다.'라는 말이 있다. H는 노력도 열심히 했지만 운도 따라주었다. H가 살던 원룸 근처 커피숍에서 주말 아르바이트를 할 수 있게 되었다. 평소 자주 이용하던 커피숍이었는데 커피숍 사장님은 주말에 소규모로 바리스타 클래스를 진행하는 유명한 바리스타였다. H는 아르바이트를 하면서 사장님께 커피에 대해 배울 수 있었다. 직원 프로모션으로 바리스타 클래스를 무료로 듣게 해주셨다. H는 덕분에 바리스타 자격증까지 취득할 수 있었다. 성실히 배우고 일하는 H를 좋게 봐주신 사장님은 바리스타 클래스 보조강사 일도 할 수 있도록 기회를 주셨다.

H는 꿈을 키운 덕분에 순식간에 3개의 소득 주머니를 만들게 되었다.

● 묻고 또 물어라

H가 3개의 소득 주머니를 만들고, 큰 꿈을 키울 수 있었던 이유는 무엇일까? 그건 자신이 원하는 꿈과 목표를 적극적으로 주변에 물어봤기 때문이다. H는 돈을 모으는 과정에 대해서도 냉장고로 인연이 된 나에게 묻고 또 물었다. 커피에 대해 배우고 싶어서 H는 커피숍 사장님께 묻고 또 물었다. H에게는 이제 생존의 위기에서 구해줄 든든한 통장 잔고가 있다. 막연했던 꿈이 이제는 현실로 이루어질 것을 굳게 믿는다. H는 오늘도 구슬땀을 흘리며 하루하루를 열심히 살아가고 있다. 나 역시 열심히 사는 H의 모습을 볼 때마다 마치 내 꿈이 이루어지는 것처럼 즐겁다.

만약, H가 나와 함께 계획했던 저축들을 다 못 하거나, 원하는 시기에 꿈을 이루지 못해도 상심할 필요가 없다. 저축했던 돈은 목돈이 되어 있을 것이고 H는 이제 겨우 20대 청년이다. 젊은 나이에 학교에서도 가르쳐주지 않았던 돈 모으는 경험을 했다는 건 돈 주고도 못 얻을 큰 자산이다.

주변 사람에게 수단과 방법을 가리지 말고 자신의 계획에 대해 말하라. 그리고 묻고 또 물어라. H처럼 꿈과 목표를 달성할 수 있을 것이다. H는 이제 혼자서도 목표와 꿈을 반드시 이룰 것이다. 그리고 성공을 지켜나갈 것이다.

내일부터 회사에
나오지 마세요

"꿈을 품고 뭔가 할 수 있다면

그것을 시작하라.

새로운 일을 시작하는 용기 속에

당신의 천재성과 능력과 기적이 모두 숨어있다."

-괴테

"내일부터 회사에 나오지 마세요."

J는 갑작스런 해고 통지를 받았다. 그 끔찍한 말을 또 듣게 되다니.

J는 6년 전, 직업체험프로그램을 주관하는 교육원에서 일정 관리와 기획 업무를 담당하는 사무원이었다. '세월호' 사건으로 교육부는 초·중·고 수학여행 및 현장 체험 학습을 금지시켰다. 교육원에 예약되어 있던 프로그램들의 취소 전화가 매일 울렸다. 벨소리가 울릴 때마다 회사가 금방이라도 문을 닫을 것만 같아서 불안했다. 예상했던 위기는 J를 피해가지 않았다. 세월호 사건은 그녀의 잘못이 아니었지만 교육원은 결국 폐업 신고를 했다. J의 소득이 끊겼다. 지방 전문대 유아교육과를 간신히 졸업하고, 2년 다닌 직장이 경력의 전부였다.

어떻게 먹고 살아야 할지 막막해서 눈물만 나왔다.

독립해서 살고 있다면 고정 수입은 반드시 지켜내야만 하는 생존 과제다. 2020년 은행 금리는 1퍼센트가 채 되지 않는다. 은행에 현금 1억이 있어도 이자는 연간 100만 원 정도로 한 달에 10만 원도 안 된다. 교육원에서 받았던 J의 월급은 200만 원이었다. 즉, 은행에 20억을 넣어 놓았던 것과 같은 금액이다. 그녀는 20억을 지키지 못했다. J에게 '회사 나오지 마'라는 건 '생존을 포기'하라는 뜻이다. 그리고 위기는 반복된다.

2020년, 코로나가 심각해지자 서울시 교육청은 학생과 사회의 안전과 건강을 위해 학원 및 교습소를 대상으로 휴원을 강력 권고했다. 겨우 교육 관련 일을 다시 시작할 수 있었던 J는 이번에 두 번째 해고 통지를 받았다. 6년 전 악몽이 떠올랐다. 고정 수입이 통째로 날아가는 위기가 다시 찾아왔다.

눈물을 참으며 짐을 정리하던 J에게 카카오톡 알람이 울렸다. PC방에서 아르바이트를 하며 공무원 준비를 하는 동생이 50만 원을 빌려달라는 내용이었다. 동생이 일하던 PC방도 코로나로 폐업을 한 것이다. J는 세상이 원망스러웠다. '세월호'도 '코로나'도 J의 잘못이 아니었다. 갑작스러운 사고와 질병

이니 누구를 탓할 수도 없었다. 단지 혼돈과 불황의 시대에 태어나 운이 없었다고 스스로를 위로할 뿐이었다.

J는 고등학교 때부터 아르바이트를 쉬어본 적이 없었다. 농사짓는 부모님께 부담을 드리고 싶지 않아 스스로 용돈을 벌었고 동생의 용돈도 책임졌다. 마음 편히 공부하는 친구들을 부러워한 적도 많았다. 취업만 하면 '20대에는 급여의 50퍼센트를 저축하라'는 전문가들의 말처럼 자신도 그렇게 하리라 다짐했고 남들처럼 돈이 모이는 삶을 살아갈 줄 알았다. 그러나 현실은 달랐다. 비상자금은커녕 급여조차 지키지 못하는 날들이 이어졌다. 재테크 책에서 말하던 비상자금 만들기가 J에겐 사치였다.

한 달 벌어 겨우 먹고사는 '한 달 살이 인생'이 시작된 지 오래였다. 그나마 이제는 한 달이 아니라 하루 먹고살기도 막막했다. 급여는 J가 살아갈 생존자금이었다. 위기는 늘 반복적으로 그리고 동시다발적으로 발생했다.

J는 앞으로는 '내일부터 회사 나오지 마세요.'라는 사망 통보를 듣고 싶지 않았다. 회사에 다니지 않고도 잘 먹고 잘 살려면 어떻게 해야 하는지 궁금했다.

● 소득 파이프를 늘려라

소득 공백의 위기를 겪고 싶지 않다면, 사회초년생 때부터 돈이 들어오는 '소득 파이프'를 여러 개 만들어야 한다. 각종 사고와 질병, 경제 변화로 당신의 일자리가 사라지는 위기는 언제든 발생할 수 있기 때문이다.

J는 세월호 사건 이후 무화과와 고구마 농사를 짓는 부모님 고향인 전라남도 해남으로 내려갔다. 무화과는 껍질이 얇기 때문에 쉽게 상하는, 저장성이 낮은 과일이다. 무화과의 단점을 보완해 '무화과 잼' '무화과 말랭이'를 만들었다. 고구마도 다양한 입맛을 고려해 '고구마 파이', '고구마 말랭이' 등을 만들어 블로그에서 판매해보자고 부모님께 권유했다. J는 자신의 급여는 지키지 못했지만 부모님의 고정 수입은 지켜드리고 싶었다. J의 아이디어는 건강에 관심이 많은 젊은 엄마들의 입맛에 맞춘 아이템들이었다. 원래는 지인과 농협을 상대로 판매하던 사업이었지만 J의 권유로 온라인 판매를 시작한 후 최대 매출을 기록했다. J의 이야기를 들으면서 위기는 또 다른 기회의 시작이라는 말이 맞다는 생각이 들었다. 직장보다는 사업이 어울리는 J였다.

J는 직장을 잃고 낮아졌던 자신감을 농장 일을 도우며 회복해나갔다. 자신감을 되찾은 후 공부도 계속하기로 결정했다. 유아교육과를 졸업한 J는 청년지원 인턴십 프로그램에 참여해 호주에서 아이들을 6개월간 가르쳤다. 인턴십이 끝난 후에도 호주의 농장에서 제공하는 숙소 생활을 하면서, 6개월간 부모님 사업에 도움이 될 만한 아이디어를 수집하고 귀국했다.

귀국 후, 체험학습 프로그램 교육원에서 일했던 경험을 살려 부모님께 '무화과 따기'와 '고구마 캐기' 프로그램 운영을 추천했다. 공들여 키운 무화과 나무와 고구마 밭이 망가진다고 반대하던 부모님도 J의 열정적인 설득으로 프로그램을 개설하게 되었다. 또 다른 소득원이 창출되었다. J의 권유로 부모님은 시간이 될 때마다 디지털 교육을 받았고 사업에 적응해갔다. 역시 J는 사업가 체질 같았다.

J는 다시 본업으로 돌아와 입시 컨설턴트로 새로운 일을 시작했다. 퇴근 이후 시간과 주말에는 부모님의 쇼핑몰을 관리했다. 몸은 바빴지만 자신이 좋아하는 일과 부모님의 고정적인 소득을 지켜드릴 수 있어서 즐거웠다. 부모님의 온라인 쇼핑몰이 안정되어갈 때쯤 코로나가 터졌다. 또 다시 닥친 위기

를 이번에는 J가 어떻게 극복했는지 궁금했다.

J는 두 번째 실직을 하자 화가 났다. 동생도 코로나로 PC방 아르바이트를 그만둬야 했다. 하지만 이번에는 고향으로 내려가지 않았다. 온라인 전문 입시학원을 찾아다니며 이력서를 제출했다. 운도 기회도 열심히 하는 사람에게 주어진다는 말이 있듯이 J는 곧 원하던 곳에서 일을 할 수 있게 되었다.

부모님의 온라인 쇼핑몰에서 '과자와 잼, 파이, 말랭이' 등으로 사업을 확장하며 소득의 파이프를 늘려나갔다. 농업대학교에서는 창업 관련 교육도 무료로 배울 수 있었다. 디자인을 전공한 친구와 패키지를 만들어 본격적인 판매에 나섰다. 부모님이 직접 키운 농산물이라는 점을 적극적으로 어필했고, 코로나 때문에 사람들이 먹거리 안전을 중시하면서 판매가 잘되기 시작했다.

J는 고정 수입을 지키기 위해 또 다른 소득 파이프를 만들었다. 줌으로 비대면 과자 만들기 클래스를 오픈하기 위해서 디지털 정보를 수집하고 있다. 곧 그녀는 3개 이상의 수입을 창출하게 될 것이다. J는 늘어난 자산을 잘 지키고, 더 많은 자산을 늘려나가기 위해서는 어떻게 해야 할지 궁금해 했다.

대부분의 재테크 책은 소득은 늘리기 쉽지 않다고 말한다. 또는 우리에게 소득에 대한 통제력이 없다고도 말한다. 소득은 타인이 결정하는 반면, 지출은 100퍼센트 통제가 가능하니 소득보다는 지출 관리에 힘쓰라는 뜻이다. 틀린 말은 아니다. 하지만 지출을 잘 관리하기 위해서는 먼저 소득을 잘 관리해야 한다. 벌어들이는 소득이 없다면 지출 관리는 아무짝에도 쓸모가 없기 때문이다.

지출에는 '고정지출'과 '변동지출'이 있다. '고정지출'은 말 그대로 고정적으로 매달 나가야 하는 지출이다. 예를 들면 방세, 관리비, 공과금 등으로 금액의 변동 폭이 작다. 지출을 100퍼센트 통제할 수 있다고 해서 고정지출을 줄일 수 있는 건 아니다. 하루아침에 방세를 줄일 수는 없지 않은가. 그렇다면 변동지출은 어떨까?

변동지출은 식비, 문화생활비, 경조사비 등으로 변동 폭이 크다. 경조사비에 대해서는 체크해볼 필요가 있다. 나 역시 돈을 모으기 시작하면서 '무분별한 인맥 쌓기'를 위한 경조사는 자제하려고 노력한다. 거절하기 애매한 곳은 작은 선물이나 카카오톡 선물 쿠폰을 보낸다. 긍정적이고 배울 점이 있는 지인들은 모임을 통해서 만나고, 경조사비도 회비로 해결한다. 이럴 경우 3만 원을 넘지 않는다. 예상치 못한 지출은 반드시 막아야 한다. 특히 우울함과 스트레스로 인한 충동적인 변동 지출을 자제하자.

소득 관리는 '현재 소득', '미래 소득', '투자 소득' 세 가지로 나눠서 관리해보도록 권했다. 현재 소득은 현재 직장에서 들어오는 소득으로 고정적인 소득을 말한다. 고정적인 소득을 확보하려면 많은 시간과 노력을 투자해야 한다. 미래 소득은 현재 하고 있는 일을 업그레이드 할 수 있는 자금을 말한다. 부모님의 쇼핑몰을 외국에서도 주문할 수 있게 만들어보면 좋을 것 같아서 외국어 공부와 금융, 세금에 대한 공부를 해보라고 조언했다.

투자 소득은 재능 기부 등으로 참여하는 지식 투자를 말한다. 현재에는 큰 영향을 못 미치더라도 미래 시점에 내 삶을 나아지게 해줄 소득이다. J의 경우 쿠키 만드는 지식 기부를 통해서 준비 중인 강의가 현재 트렌드에 맞는지를 파악했다. 얼마 전 J는 무료 지식 나눔을 통해 소규모 쿠키 클래스를 진행했다.

세 가지 소득 중에서도 미래 소득이 매우 중요하다. 지금은 100세 시대다. 과거에는 '한 우물만 파라!', '장인정신' 등 한 직장에 올인 하는 것이 당연한 시대였다. 부모 세대는 20대에 직장생활을 시작해서 40년 직장생활을 하고, 나머지 20년은 특별한 일을 하지 않아도 먹고살 수 있었다. 그러나 우리는 $100+a$세 시대를 살고 있다.

2020년에는 30대로 겨우 직장생활을 시작해서 50세까지 한 직장에서 살아남기도 쉽지 않다. 그나마도 겨우 240번의 월급을 받을 뿐이다. 지금 바로 앞으로 몇 번의 월급을 더 받을 수 있는지 계산해보길 바란다. 갑작스레 퇴사라도 하는 날엔 그나마 240회의 월급도 받지 못할 수 있다. 과연 20년 벌어서 50년+a의 시간을 먹고살 수 있을까? 결국 평생 소득이 나올 수 있는 직업을 만들거나, 소득이 끊이지 않고 창출되어야만 생존의 위기를 겪지 않을 것이다.

미래를 위한답시고 지출을 합리화해서도 안 된다. 소득 관리와 지출 관리 두 마리의 토끼를 다 놓치는 것이다. 미래의 당신 삶을 한 단계 발전시킬 수 있는 소득을 최대한으로 늘려야 한다.

소프트뱅크, 코니카 미놀타도 정책적으로 사원들의 투잡과 부업을 권장한다. 기업 입장에서도 갑작스럽게 '내일부터 회사 나오지 마세요.'라고 해고 통보를 해도 부담감이 덜하기 때문이다. 다양한 근무 형태를 취하면 우수한 인재도 확보할 수 있다. 언젠가는 사원들도 겪게 될 퇴직 후의 인생을 찾도록 도울 수도 있다. '투잡'을 허용하면 자연스러운 구조조정이 가능해져 기업에겐 여러모로 장점이다.

우리나라도 코로나를 기점으로 N잡러들이 속속 등장하고 있다. 그러나 잊지 말아야 할 점은 지금 하고 있는 일에서 전문성을 갖추는 것이 매우 중요하다는 사실이다. 부업 때문에 본업에 소홀해서는 안 된다. 부업으로 하던 일이 자리를 잡기도 전에 회사에서 해고 통보를 받으면 큰일이다.

자신이 하고 있는 일을 확장해서 부업을 찾을 것인지, 취미 생활을 투잡으로 활용할 것인지도 생각해야 한다. 나의 경우는 재무 설계 강사로 일하면서 강의 내용을 정리해 책을 쓴다. 지인 중 한 명은 목공일을 좋아해서 주말마다 직장인과 가족들을 대상으로 '원데이 클래스'를 진행하며 슬기로운 부업생활을 한다. 공무원으로 일하는 그는 정년퇴직 후에는 작은 목공소를 운영하며 노후를 보내려고 한다.

진짜 하고 싶은 일을 찾아야 한다. 그래야만 인맥도 다양하게 형성하고 긍정적인 효과를 얻어 오랫동안 일할 수 있다. 무엇보다 누구에게도 '내일부터 회사 나오지 마세요.'라는 소리를 듣지 않을 수 있다. 혹여 갑작스럽게 퇴사를 하더라도 다양한 소득원이 준비되어 있다면 당당한 걸음으로 회사를 나올 수 있을 것이다. 그러나 돈을 벌기 위해 밤낮으로 무리하게 일한다면 실패할 확률이 크다. 돈을 벌기도 전에 건강에 무리가 생길 것이다.

전문가들은 앞으로 다가올 미래는 인공지능 AI가 인간의 일을 대체하리라 예측한다. 무인 커피숍과 무인 호텔이 이미 생겨나고 있다. 각자 슬기로운 부업을 통해 새로운 시대에 맞는 인생지도를 만들어야 한다. 현대 경영학의 아버지라 불리는 피터 드러커는 "현대 사회는 지식의 세기가 될 것이며, 사람들은 끊임없이 배워야 하는 시대가 될 것"이라고 말했다. 갑작스런 해고 통보조차 인공지능 AI로봇에게 당하는 시대가 올 것이다.

AI시대, 2030년 당신의 일자리는 없다

사고와 질병 때문이 아니라 인공지능 AI로봇 때문에 해고 통보를 받는 시대다. 2030년 당신의 일자리를 지키려면, 지금부터 AI가 대체할 수 없는 당신만의 능력을 살려야 한다. 그래야만 AI로봇으로부터 '내일부터 회사 나오지 마세요.'라는 해고 통지를 받지 않을 것이다.

아마존을 비롯해 로레알, 롯데, 오리온 그룹까지 'AI인사 담당자'가 확산되고 있다. 아마존의 물류창고 직원들은 AI 로봇에게 해고 문자를 받는다. 열심히 일했지만 직장에서 더는 필요 없다는 말을, 그것도 로봇에게 듣는다. 기업은 24시간 쉬지 않고 일해주는 로봇을 더 선호할 것이다. 당신의 일자리와 고정적으로 받던 월급이 사라질 판이다.

전문직도 크게 다르지 않다. 학교에서 공부벌레로 살았던 의사, 약사, 변호사, 판사, 회계사들 또한 AI에게 대체되어 더 큰 위기를 겪게 된다. 2011년 미국의 유명 지식 추론 TV 퀴즈쇼 〈제퍼디!〉에 출연했던 왓슨은 120만 편의 의학 논문과 1억 명 이상의 환자 정보, 8,500개 이상의 의료기관이 축적한 의료 정보와 300억 장 이상의 의료 이미지인 X-ray, CT, MRI 파일을 공부했다. 그 후 〈제퍼디!〉에 출연한 왓슨은 한번 배운 것은 절대 잊어버리지 않는 인공지능 로봇 의사가 되었다.

왓슨은 의학 공부뿐만 아니라 미국 메모리얼 슬로언 케터링 암센터(MSKCC: Memorial Sloan-kettering Cancer Center)에서 레지던트로 일했으며 캐나다, 네덜란드, 중국, 한국에서 암 환자 진료에도 참여하고 있다. 왓슨의 암 진단 정확도는 90퍼센트 이상이며 특히 자궁경부암 진단 정확도는 100퍼센트이다. 게다가 왓슨은 쉬지도, 자지도, 먹지도 않고 환자를 진단한다. 인간 의사들에게 죄송한 말이지만, 나 역시 인공 지능 의사에게 진료받기를 원한다.

미국의 MIT 미디어랩의 미첼 레스닉이 쓴 책《미첼 레스닉의 평생유치원》에서도 유치원 아이들의 놀이와 학습 방식은 상상 ⋯▶ 창작 ⋯▶ 놀이 ⋯▶ 공유 ⋯▶ 생각의 반복이라고 했다. 공감 능력과 창조적 상상력은 인공 지능 시대를 살아갈 사람이라면 반드시 추구해야 할 가치다. 당신의 일자리가 로봇에게 대체되는 위기를 겪고 싶지 않다면, 인간만이 할 수 있는 공감 능력을 키워야 한다.

밀레니얼 세대가 사용하는 언어를 인공지능 AI가 완벽하게 번역하기는 어려울 것이다. 그런 언어들은 문화적 소산물이기 때문이다. '아아아이스 아메리카노, 뜨아뜨거운 아메리카노'를 로봇이 어떻게 이해할 수 있을까? 문화적인 언어와 가치관은 기계가 대체할 수 없다.

마트의 점원, 계산원은 모두 사라질까? 요즘 누가 마트에 가서 물건을 살까? 대부분 인터넷으로 주문한다. 새벽 배송은 시간이 절약되기 때문에 사람들이 자주 이용한다. 쇼핑몰과 슈퍼마켓은 이제 물건을 사고파는 장소라기보다는 문화의 공간으로 자리잡을 것이다. 일자리가 없어지는 대신 업무가 전환될 것이다. AI시대에는 없어지는 일자리만큼 새로운 일자리가 만들어질 것이다. 준비되지 않으면 일자리를 잃게 된다. 김미경은 책 《리부트》에서 강사 김미경도 '완전한 디지털 김미경'으로 전환하겠다고 말했다.

고정 소득을 지켜내지 못하면 저축은커녕 생존의 위기를 겪어야 할 것이다. 절약과 투자는 그 다음이다. 어떻게 해서든 고정 수입을 지켜야 한다. 당신만이 가지고 있는 능력을 최대한으로 살려야만, 앞으로 다가올 AI시대의 주인으로 일자리와 소득을 지킬 수 있다.

4장

더이상 대출이
안 된다고요?

"탄탄대로면 얼마나 좋아.

그런데 넘어져도 괜찮아, 무릎 좀 까지면 어때.

네 잘못 아냐, 알지?

잘 견뎠고 잘 소리쳤어."

– 드라마 〈나빌레라〉 중에서

"대출이 안 되시네요."

"뭐라고요? 일도 하고 있는데요. 혹시 신용등급 때문인가요?"

대부업체 러시앤** 이백오십만 원, 대출** 백오십만 원, **저축은행 사백만 원으로 합쳐서 팔백만 원의 대출금을 상환하고 있는 K를 만났다. 지인의 소개로 만난 K는 첫 상담부터 대출 내역을 공개했다. 솔직히 놀랐다. 대출금도 많고 금리도 높았다. K는 겨우 스물여섯 살이었다. 하지만 골프 트레이너와 패션모델 일을 하며 꽤 많은 돈을 벌고 있었다. '대체 돈을 어디에 다 쓰는 거지?', '신용등급이 몇 등급일까?' 겁이 없어도 너무 없다는 생각이 들었다.

어릴 적, K는 팔라우에서 골프 사업을 하던 아버지에게 골프를 배웠다. 프로 선수들과 운동을 할 정도로 재능도 있었다. 고등학교에 입학해서 아버지 사업이 기울기 시작했고 결국 등록금이 없어 대학에 가지 못했다. 과거 함께 골프를 쳤던 사람들이 소개해주는 골프 레슨으로 돈을 벌기 시작했다. 학벌도 인맥도 없으니 프로대회에 나가 작은 상이라도 받아야 했다. 대회 준비 자금 오백만 원을 대출받기 위해 은행을 찾았다가 '대출이 안 된다'는 말을 듣게 되었다.

무리하게 사업을 확장하던 아버지로 인해 어머니는 이미 신용 불량자가 되었다. 어머니는 계좌, 신용카드, 핸드폰 할부를 본인 명의로 만들 수 없어 모두 아들 명의로 했다. 돈이 필요하다는 어머니 말에 덥석 현금 서비스를 받아줬던 일이 위기의 시작임을 당시에는 몰랐다. 신용카드 사용 대금이 연체되고 현금 서비스 사용 횟수가 늘자 K의 신용 등급은 8등급으로 하락했다. **은행에서는 K가 필요한 준비금을 대출받을 수 없었다. 부모 잘못으로 K는 위기를 맞았다.

골프 레슨비로 빚을 갚았고 모델료는 생활비로 사용했다. 언제까지 밑 빠진 독에 물을 부어야 할지 모르겠다며, K는 신세 한탄을 했다. 대출금과 이자가 K를 압박했다. 엄마의 카드빚을 갚기 위해 골프 비수기에도 쉴 수가 없었다. 모델 일도 자신이 원해서 하는 게 아니었다. K를 보며 마음이 아팠다.

"진짜로 하고 싶은 일은 뭐예요?"

단지 돈이 필요해서 일하는 K에게 꿈을 만들어주고 싶었다.

"시간과 돈만 있으면 늦게라도 대학에 가서 골프를 제대로 배우고 싶어요. 그리고 골프 사업도 해보고 싶어요."

꿈 이야기를 할 때만큼은 편안해 보였다.

K에게는 돈만큼이나 시간도 없었다. K는 누구도 원망하지 않았다. 그럼에도 엄마가 불쌍하다고 생각하는 효자 아들이었다. 수시로 빚 독촉에 시달리는 엄마에게 천만 원을 해드린 날 자기도 모르게 화를 냈다며 지난날을 후회했다. 지인들에게 빌린 삼천만 원과 나머지 팔백만 원도 자신이 갚을 생각이었다. K는 이모님들이라고 불렀던 이들의 쌈짓돈을 성실히 갚아 나갔다. 투잡까지 뛰면서 빚을 갚았다. 정작 대부업체와 저축은행의 대출금을 늦게 상환하는 바람에 '신용등급'이 하락하는 무서운 결과로 이어졌다.

K는 은행에 가서 대출해본 적이 있냐고, 대출 신청하는 줄이 얼마나 긴지 아냐고 나에게 물었다. 아무 말도 할 수 없었다.

요즘 빚에 허덕이는 젊은층이 늘면서 20대들의 개인회생 신청 건수는 전 연령대 가운데 유일하게 늘었다. 20퍼센트나 급증했다. K와 비슷한 위기 상황에 처한 친구들이 많다는 뜻이다. 안타까운 현실이다.

K는 신용등급에 대해 자세히 알고 싶어 했다. K도 남들처럼 정기적금과 펀드에 가입해서 만기축하금을 받아보는 게 소원이라고 했다. K에게 신용등급을 관리해야 하는 이유를 알려주기로 했다. 그리고 연체하지 않는 습관이 시급했다.

● 신용등급을 관리해야 하는 이유

"왜 자꾸 대출금이 늘어난다고 생각해요?"

"이자가 너무 비싸요. 이자를 갚으려고 또 다른 대출을 받는 거죠."

대출액은 재산이나 급여에 따라 정해지지만, 이율은 신용등급에 따라 정해진다. 이자 때문에 갚아야 할 돈이 자꾸 늘어나는 악순환에 빠지지 않으려면 신용등급을 관리해야 한다. K가 돈을 빌린 대부업체의 이자율은 최대 연 24퍼센트로 엄청난 고금리다. 제1금융권인 시중 은행의 이자율은 연 2퍼센트다. 신용등급은 떨어지기는 쉽고 올리기는 어렵기 때문에 사회 초년생 때부터 관리해야 한다.

K는 금융에 대해 너무 몰라서 위기를 자초했다. 책《존리의 금융문맹 탈출》에서 우리가 글을 알아야 사회생활을 할 수 있듯, 돈을 알아야 경제생활을 할 수 있다고 했다. 신용등급에 대해 모르면 이자의 늪에서 절대 벗어나지 못할 것이다.

신용등급은 1~10등급으로 분류한다. 1~2등급은 우량, 3~6등급은 일반, 7~8등급은 주의군, 9~10등급은 위험군으로 나뉜다. 이것은 개인신용평가회사CB: Credit Bureau에서 각 개인의 신용도를 평가한 등급으로 신용 거래시 연체의 유무, 기간, 금액, 반복 횟수, 다중채무를 종합하여 정해진다. 1등급과 6등급의 이자 차이는 무려 네 배다.

사회초년생의 경우 첫 거래인데도 신용등급이 3~6등급이라며 당황해하는 경우가 많다. 그런데 오히려 신용 거래가 없기 때문에 중간 등급을 부여받는다. 사회초년생인 K가 연체 몇 번만에 금세 8등급으로 떨어진 이유가 바로 여기에 있다.

신용등급을 높이려면 체크카드보다 신용카드를 써서 과하

지 않는 신용 거래 실적을 쌓는 것이 유리하다. 지출의 일정 부분은 반드시 신용카드로 대체해서 신용등급을 관리하자. K가 조금만 일찍 신용등급에 대해 알았더라면 고금리 이자의 덫에 빠지지는 않았을 것이다.

신용 관리는 부모 찬스가 필요한 부분이다. 어릴 때부터 부모가 어느 정도는 해줘야 한다. 신용등급은 연체만 없다고 바로 수직 상승하진 않는다. 그러나 깎이는 건 순식간이므로 장기간 꾸준한 관리가 필요하다. K가 최하위 등급에서 일반 등급의 턱걸이인 6등급으로 상승하기까지 2년이 넘는 시간이 필요했다. 현재는 4등급까지 올라왔다. 앞으로 K는 아무리 돈이 필요해도 제3금융권인 대부업체나 현금 서비스, 리볼빙을 이용하면 안 된다. 대부업체에서 돈을 빌리면 대출금을 다 갚아도 부정적 평가를 받을 수 있다.

앞으로는 SNS에 올리는 글이나 연결된 친구, 생활습관도 신용등급에 영향을 줄 전망이다. 구글 출신 빅데이터 전문가들과 금융사의 대출 전문가들이 창업한 미국의 '제스트파이낸스ZestFinance'와 같은 대출 회사가 생겨날 것이기 때문이다. 기존 금융시장에서 대출이 어려운 저신용자들을 대상으로 비금융정보인 동호회 활동, 인터넷 접속 시간, SNS 포스팅 주제 등 7만여 개의 변수를 분석해 개인의 신용도를 재평가한다. 기존 시용 점수보다 40퍼센트 이상 상향 평가되고, 평가 시간도 10초밖에 걸리지 않는다. 그동안 눈여겨보지 않았던 정보들이 중요 데이터로 평가될 것이다. 평소 간편 결제 시스템을 주로 이용하는 K에겐 비금융정보도 신용등급을 지키기 위한 관리 대상이다.

K는 골프 사업을 위해 '네이버 스마트스토어'를 공부 중이다. 대출 이자로 한동안 고생했던 K는 대출이라면 치가 떨리지만 사업을 확장할 때를 대비해 대출 서비스를 알아둘 필요는 있다. 네이버는 스마트스토어 입점 소상공인만을 대상으로 하는 연 4퍼센트 대의 대출 상품을 출시했다. 스마트스토어 판매자 대부분이 제1금융권에서 대출받을 수 없다는 점에 착안하여 스마트스토어의 단골 고객 수, 구매자 리뷰와 별점, 고객 응대 등으로 신용등급을 평가한다. 금리와 한도 조회도 네이버에서 1분이면 가능하다. 앞으로 우리나라도 빅데이터를 기반으로 다양한 사업모델이 생겨날 예정이니 비금융정보도 신용등급처럼 관리하자.

● 위기 상황을 정리하는 기술
●
●
　저축의 시작은 빚 청산이다. K는 대부업체와 저축은행에서 빌린 돈을 먼저 갚아나갔다. K에게 부모 찬스는 없었지만 다행히 보험 찬스가 남아있었다. 과거에 어머님이 지인의 권유로 얼떨결에 들어두었던 보험 상품에서 유니버셜 기능을 활용했다. 해지환급금 중에 일정 금액을 중도 인출 받을 수 있었다. K는 보험은 그저 아플 때 보장받기 위한 것으로만 생각했다고 한다. 틀린 말은 아니지만, K의 어머님이 가입한 상품에는 일정 기간이 지나면 해지환급금을 미리 찾아서 쓸 수 있는 유니버셜 기능이 있었다.

　납입 횟수가 24회가 넘고 해지환급금 기준 200만 원이 넘으면 1년에 네 번까지는 수수료 없이 인출할 수 있다. 보장이 줄어들진 않지만, 다만 만기 시에 받을 해지환급금이 줄어든다고 생각하면 된다. 단, 갱신형 특약이 많은 경우 해지환급금이 원래보다 줄어들 수 있으니 담당자와 상의하고 인출하기를 권한다. 당시 K가 가입한 상품에서는 300만 원이나 중도 인출이 가능했다. 고금리 이자 상품 대신 수수료 없는 보험 상품 중도 인출로 갈아타는 것이 당연히 훨씬 이익이었다.

대출이 필요할 때 보험이 있다면 중도 인출과 약관대출 등을 활용하자. 중도 인출은 회사별로 수수료가 다르니 확인이 필요하다. 유니버셜 상품만 중도 인출이 가능하다. 약관대출은 이자를 낸다는 점과 상환을 해야 한다는 점이 중도 인출과 크게 다르다.

K에게 중도 인출을 추천한 이유는 당장 이자 부담을 줄이기 위해서, 그리고 향후 대출금을 상환할 필요가 없기 때문이었다. 단기간 사용하고 대출금을 갚을 수만 있다면 원금과 이자를 건드리지 않는 약관대출로 필요 자금을 인출하는 것이 유리하다. 이율이 점점 떨어지고 있기 때문에 과거에 가입했던 상품은 이자가 높아서 대출 이자도 비싸다.

보험 상품이 여러 개라면 가장 최근에 가입한 상품에서 대출을 받자. 약관대출 이자는 가입 당시 이율에 1.5~2퍼센트를 더 납입해야 한다. 즉, 상품의 이율이 2.5퍼센트라면 약관대출 이자는 4~4.5퍼센트가 된다. 자신의 신용등급을 체크해보고 제1금융권 이자가 더 저렴하면 보험보다 은행에서 대출받는 것을 추천한다.

저축은 빚을 청산하고 돈 모으는 습관을 갖추는 것에서부터 시작된다. 위기에 빠졌다면 잠자고 있는 금융상품의 해지환급금이나 중도 인출, 약관대출이 있는지부터 찾아보자. 높은 대출금부터 갚아나가고, 이자 부담이 적은 대출을 활용하자.

K는 2년 전에 만났을 때와는 많이 달라졌다. 골프 비수기에는 모델 일을 하며 지내고 있었다. 모델 일로 버는 돈을 투자해서 골프 사업을 하루 빨리 시작하고 싶어 했다.

● 그래도 투자를 하고 싶다면

K는 부모의 빚도 대신 갚는 책임감 있는 청년이었다. 그런데 '돈을 모으는 일'에 대해서는 급하게 결정하고 투자했다. K는 매주 로또를 샀다. 일확천금으로 부자가 되길 원했다. 한 마디로 '한탕주의'를 꿈꿨다. 2년 전에도 마찬가지였다. 성실하게 돈 벌고 저축해서 이 빚을 언제 다 갚겠냐며 늘 한숨을 쉬곤 했다. 대출금 상환 속도가 너무 느려서 수익률에 기대할 수밖에 없었던 것이다. '한탕'은 인간의 능력 밖에 있는 문제다. 2년 전에도 이번에도, 난 K를 순식간에 부자로 만들어 줄 수는 없다고 단호하게 말했다.

정 투자를 하고 싶다면, 소액투자와 동전투자로 연습하고 펀드와 주식에 투자해보라고 했다. K는 운동선수 특유의 끈기가 있었다. 돈이 없어도 매주 로또를 샀던 그 정성과 끈기로 소수점 주식인 천 원으로 사는 주식을 사서 공부하라고 했다. 큰돈을 투자하기 전에 투자에 대한 감각을 키우는 방법이다. 늘 작은 돈으로 큰돈을 만들고 싶어 했지만 그러기에는 금융 지식이 너무 부족했다. 그런 K가 갑자기 주식이나 목돈이 들어가는 투자를 한다면 실패할 가능성이 높다. 이번에는 신용등급 문맹이 아니라 금융문맹에서 탈출시켜보기로 했다.

평소 K는 카카오페이를 주로 사용했다. 카카오톡 선물하기도 자주 이용했다. 여기서 남는 잔돈을 투자해보면 좋겠다 싶었다. 금융 지식이 부족한 K에게는 인공지능 AI가 24시간 관리해주는 '미래에셋 합리적인 AI글로벌 모멘텀 혼합자산투자신탁'을 추천했다. 그리고 매주 월요일마다 1천 원씩 자동으로 투자가 이루어지도록 설정했다.

카카오페이를 통해 결제하고 남은 잔돈과 1천 원이 매주 월요일에 펀드상품에 투자되었다. 수시로 추가 납입도 가능하다. 자동이체가 되는 날을 월요일로 정한 이유는 K가 한 주를 저축으로 시작했으면 해서였다. K는 빚 독촉이 아닌 투자 확정 알림을 받을 때마다 기분이 좋다며 알림 화면을 캡처해서 보내주기도 했다.

K는 해외 주식 투자에도 도전해보기로 했다. 천 원으로 시작하는 해외 소액투자인 '미니스탁'을 추천했다. 한국투자증권은 환전할 필요도 없이 해외 주식을 사고팔 수 있다. K는 외국에서 오래 살아서 그런지 한식보다는 서양 음식을 좋아했고, 외국브랜드에 대해 잘 알았다. 그런 점을 이용했다. K가 좋아하는 빅맥을 사먹기만 하는 것이 아니라, 빅맥을 만드는 맥도널드에 투자하는 것이다. 스타벅스와 아이폰의 디자인을 좋아하고 넷플릭스, 구글을 주로 이용하는 K의 생활 패턴을 투자와 연결했다.

미니스탁 어플에서 제공하는 기업 정보와 뉴스는 실시간으로 조회가 가능하다. 그런 자료만 봐도 금융 공부가 된다. 얼마 전에는 스타벅스 하워드 슐츠의 책과 워런 버핏의 스노우볼 책을 읽었다고 했다. K는 요즘 매일 아침 눈을 뜨면 환율을 체크하고 기록하며, '왜? 오늘 환율이 떨어졌지? 떨어진 이유가 뭘까?' 생각하며 뉴스와 관련된 자료들을 찾고 있었다. 금의 가치에 대해서도 공부한다고 메시지를 보내왔다.

K는 이제 대출과 이자 때문에 고통받지 않는다. 어디에 투자해야 하는지를 고민하고 상의한다. 자신의 해외주식계좌와 펀드, 은행의 잔고를 보는 것이 여자 친구 얼굴을 보는 것보다 좋다고 수익률 자랑을 한다. 책《돈의 감각》에서 '돈의 센스는 타고나는 게 아니라 기르는 것이다.'라고 했다. K는 요즘 투자의 센스를 제대로 기르고 있다.

● 현명하게 거절하기

K는 운동밖에 모르는 착하고 순진한 청년이다. 그래서 주변에 같이 일하는 동료들은 K에게 수시로 부탁을 한다. 사업이 어려워 레슨을 중단하려는 회원들에게 무료로 레슨을 해준다. 그들은 사업이 나아졌지만 K는 돈을 받지 못했다. 모델 일을 하는 동료가 돈이 필요하다고 하면, 자기도 어려우면서 돈도 빌려줬다. K는 시간과 돈을 제대로 보상받지 못했다. 주변 사람들 부탁 때문에 K의 신용등급이 또다시 하락하는 위기상황이 발생될까봐 걱정이 되었다. 그러기 전에 미리 차단하기로 했다.

K는 상대방이 부탁했을 때 자신이 'NO'를 외치면, 상대방이 불편할까봐 거절하지 못한다고 했다. 페이스북 공동 설립자인 더스틴 모스코비츠는 거절할 때는 처음부터 깨끗하고 단호하게 거절하는 것이 가장 좋다고 했다.

투자의 귀재 버핏은 'NO'라고 말한 뒤에 찾아오는 찰나의 불편함을 견뎌냈다. 불편한 감정을 의도적으로 피하는 것으로는 모든 문제가 해결되지 않는다고 말했다. 프랑스 임상심리학자 마리아두는 과감하게 'NO'라고 말하면 진정한 인간관계를 가질 수 있다고 말했다. 자신을 희생하고 스트레스 받으면서 맺은 인간관계는 오래가지 않는다.

K가 하루 빨리 여유가 생겨 자신이 원하는 골프 공부를 마음껏 하는 꿈을 이뤘으면 좋겠다.

이제 K가 꿈을 이룰 차례다. 그리고 당신 차례다.

5장

연금 복권에
당첨된다면

"위대한 일들은

작은 일들로 이뤄진다."

—빈센트 반 고흐

"언니! 연금 복권에 당첨되면 뭘 할 거예요?"

오랜만에 만난 후배 P는 크리스마스 선물이라며 연금 복권 한 장을 내밀었다. 월급 외에 매달 546만 원이라는 돈이 생긴 다는 상상만으로도 기분이 좋아졌다. 그것도 20년 동안이라 니, 깨고 싶지 않은 꿈이었다.

후배 P는 대기업 사무직에서 일한 지 3년째 되는 싱글족이 다. 직장생활 하는 동안 재무 설계에 관심을 가져본 적이 없고, 저축해 놓은 돈도 없었다. P는 얼마 전 친구가 결혼한다는 소 식을 듣고서야 비로소 자신의 재무 상태를 점검해보게 되었다 며 도움을 요청했다.

후배 P의 고향은 부산이다. 회사에서 마련해준 기숙사에서 혼자 생활하고 있었기에 생활비 외에 쓰는 돈이 별로 없었다.

도대체 어디에 돈을 쓰는지 궁금했다. P의 취미는 여행이다. 시간만 되면 국내든, 해외든, 혼자든, 단체든 상관하지 않고 여행을 다녔다. 저렴하게 여행 다녀오는 방법, 맛집 투어와 환율 할인 팁에 대해 아는 것도 많았다. 하지만 여행 박사인 P는 돈에 대해서는 무지했다. 일하면서 받는 스트레스를 여행으로 풀고 있었다.

P는 연금복권에 당첨되면 내일 당장 사표를 쓰겠다며 20년 동안 매년 나라를 바꿔가며 살아보고 싶다고, 돈을 쓸 계획만 세우고 있었다. 돈을 모을 생각은 전혀 없는 P가 안타까웠다. P의 회사는 유급으로 장기휴가를 낼 수 있는 복지가 좋은 대기업인데 회사는 왜 그만둔다고 하는지, 더 장기적인 관점으로 세상을 살아갔으면 좋겠다는 생각이 들었다.

P는 친구의 결혼을 통해 남녀 결혼 평균 비용이 남자는 일억 오천만 원, 여자는 오천만 원이라는 사실을 처음 알게 되었다고 했다. P의 친구도 3년차 직장인인데 결혼 자금을 스스로 마련했다며 놀라워했다. 주식 투자 동아리에서 만난 예비 신랑은 중학교 때부터 주식과 펀드에 투자한 돈과 대출금을 합쳐 부모님 도움 없이 신혼집을 마련했단다. 평소 '임장데이트'

라고 부동산을 둘러보며 데이트를 할 정도로 재테크에 관심이 많은 커플이었다. 그들은 해외펀드에 투자할 계획으로 신혼여행지도 베트남과 인도를 택했다. 직접 보고 투자 가치를 판단하기 위해 여행지까지 신경쓰는 재테크 고수들이었다.

한 친구는 '돈을 쓰기 위한 여행'을, 다른 친구는 '돈을 모으기 위한 여행'을 계획하고 있으니 둘이 어떻게 친구가 되었는지 궁금했다. 내가 P에게 친구를 소개시켜달라고 해서 우리는 함께 만났다. 첫 만남에서 두 명에게 같은 질문을 던졌다.

매달 생기는 546만 원

"20년 동안 매달 546만 원이 생긴다면 뭘 할 거예요?"

P는 돈이 생기면 무조건 여행을 가고 싶다고 했다. 그러나 친구는 546만원을 어떻게 굴리고 투자할 것인지를 진지하게 고민했다. 친구의 이야기를 들으며 P는 놀라는 눈치였다. 역시 재테크 고수였다.

친구 부모님은 IMF 경제 위기와 2008년 세계 금융 위기를 겪었고, 부동산과 주식의 호황기와 고금리 시대를 살았던 기성세대다. 친구의 아버지는 고등학교 때부터 자녀에게 경제 교육을 시켰다고 한다. 고등학생이 된 그녀에게 2백만 원을 주식 계좌에 넣어주며 자유롭게 투자해 보라고 권유했고 이익이 나거나 손실이 나면, 그 이유를 경제신문과 뉴스에서 찾아보라고 시킬 정도로 경제 교육에 열정적이셨다고 한다. 유대인의 금융과 자본, 경제, 투자 습관을 자녀들에게 가르친 것이다. 대학에 입학해서 주식 동아리에 가입했고 거기서 예비 신랑을 만나게 된 스토리였다.

친구는 매달 급여의 10퍼센트씩 주식을 사서 모은다고 했다. 수익률에 대해 질문해 보았다. 장기 투자라서 수익률은 크게 신경쓰지 않는다고 했다. 내가 보기에 P는 나를 찾아올 게 아니라 자기 친구한테 재무 상담을 받으면 될 일이었다. 친구가 한 방식을 그대로 따라하면 되겠다는 생각이 들었다. 주식 투자의 기본 원칙도 잘 이해하고 있었다. P에게도 경제 교육을 일찍 시켜줄 부모님이 있었다면 좋았을 텐데 싶었다.

투자를 한다면 어떻게 할 것인지 좀더 구체적으로 물었다.

"546만 원요? 글쎄요……. 그 정도 금액으로 무슨 투자를 해요? 넌, 어때? 546만 원으로 할 투자가 있을까?"

"저는 크라우드펀딩이나 부동산 P2P에 1년 정도 분산투자를 해보고 싶어요."

친구의 말에 P는 다 처음 들어보는 용어라는 표정을 지었다.

부동산 P2P는 고수익 고위험군에 속하는 투자로 원금과 수익률이 보장되지 않는다. 손실에 대한 책임은 투자자에게 있어 추천하지 않는 방법이다. 소액만 투자해보는 것이 정신건강에 좋을 것이다. 친구의 자신감이 느껴졌다. 다양한 상품과 기간에 투자를 해봤기 때문에 원금 손실이 있는 상품에도 과감히 도전해보는 것이다. 1년 뒤 전액 손실이 났다고 하더라도 친구의 정신건강에는 아무 문제가 없을 것이다. 인생은 한번뿐이라는 생각으로 자신의 삶을 소중히 여겼고, 오랜 투자 경험으로 미래를 계획적으로 준비해나가고 있었다.

책 《트렌드 코리아 2020》에서 "돈 밝히면 못쓴다"는 말은 옛말이고, 이제 "돈에 밝지 않으면 정말 '못쓰게' 된다."는 말이 확신조가 되었다고 했다. 친구는 돈에 밝은 정도가 아니라 재무 설계사인 나보다도 재무 정보에 빠삭했다. 20대까지 돈에 대해 정말 몰랐던 나는 '돈은 벌면 되지'라는 무조건적인 믿음으로 20대를 살아왔다. '친구 따라 강남 간다'는 말도 있는데 P가 하루라도 빨리 친구 따라 경제적 독립을 했으면 좋겠다는 생각이 들었다.

P는 대학 시절부터 10년 가까이 혼자 살았지만 경제적 독립은 아직이었다. 생활비가 부족하면 부모님이나 주변 사람들한테 돈을 빌렸다. 부모님이 일을 관두면 어쩌지 걱정한 적도 있었다고 했다. 이제 곧 서른인데 돈에 대해 정말 아무것도 모른다고 말하는 P를 경제적으로 독립부터 시켜야 했다. 그러려면 소득과 지출은 주기적으로 체크해야 한다. 하지만 현실에선 지갑과 통장에서 돈이 수시로 나에게 이별을 고한다. P에게 떠나가는 연인을 붙잡기 위한 노력을 '돈'한테 해보라고 권했다.

● 돈에 밝아지려면

"돈에 밝아지고 싶으면 지금부터 딱 6개월만 경제 신문을 읽어봐."

"신문이 어려워요."

P에게는 더 쉬운 방법이 필요했다.

나는 천 원으로 투자하는 '미니스탁'을 이용해 경제 공부와 투자를 동시에 하는 방법을 알려주었다. 평소 P가 관심을 가졌던 회사들의 주식에 1만 원씩 투자하게 했다. 여행을 좋아하는 P는 MGM리조트 인터내셔널, 아마존, 월트디즈니, 스타벅스 등을 골랐다. 디즈니를 고른 이유를 물어보니 디즈니랜드가 있는 나라들을 전부 여행해보고 싶어서란다. 평소 P가 좋아하고 잘 아는 기업의 주식을 산 것이다. P에게 투자한 기업과 관련된 경제 뉴스나 금리, 환율 기사를 찾아 카카오톡으로 공유하고, 인스타그램에 기록하기로 했다.

돈에 밝아지려면 금리와 관련된 기사를 놓치지 말아야 한다. 금리는 기업 투자와 물가, 가계 소비에 영향을 미친다. 목돈이 필요할 때 대출 한도와 이자를 결정짓는 중요한 부분이 바로 금리다. 환율도 체크하자. 환율은 경제 성장과 밀접한 관계가 있다.

경제 칼럼과 사설도 읽어보라고 했다. 미래를 전망해보고 잘 모르는 경제 용어를 자주 접할 수 있어 P에게 큰 도움이 될 것이다. 마지막으로 영향력 있는 기업 CEO나 성공한 사람들의 기사를 읽어보라고 했다.

P는 유독 돈과 관련된 이야기를 나눌 때 목소리에 자신감이

떨어졌다. 자신감과 꿈을 키워주기 위해 P에게 기적 질문을 해
보기로 했다.

● 기적 질문으로 꿈을 키워라

　돈을 잘 쓰고 잘 모으려면 '인생의 재무적 목표'가 있어야
한다. 여윳돈이 생겨 저축을 시작할 땐 모든 조건이 따라주기
때문에 아무 문제가 없지만 인생은 늘 변하고 위기도 찾아오기
마련이다. 한순간의 실수로 힘들게 일군 재산을 다 잃을 수도
있다. 인생의 재무 목표를 세워보면서 '돈을 이만큼 모으려면
얼마의 돈과 시간이 필요할까?'를 꾸준히 질문해야 한다.

　"평소에 재무적 목표가 있어?"

　P에게 질문했다.

　"글쎄요. 대학도 입학하고 취업에도 성공하면서 힘든 관문
들을 통과하다 보니 더 이상 목표라면 지긋지긋했어요. 그래
서 매번 여행을 가고 싶었던 것 같아요. 현실 도피죠."

　힘든 수험 생활 대신 대학 생활을 더 즐기고, 대기업에 입사
해 마음껏 여행도 다녀보고 싶었을 것이다. P를 이해할 수 있

었다.

"그래도 해보고 싶은 거 없어?"

질문하고 또 질문했다. 5년 뒤, 10년 뒤, 미래의 그녀가 행복해질 수 있게 말이다. 스스로 단기, 중기, 장기 목표를 세울 수 있어야 했다.

"한 번도 생각해 본 적이 없어요. 공부할 때는 힘들어서 빨리 끝내고 싶었어요. 회사에 입사해서는 사람들한테 치여서 40살에는 퇴사하고 싶다는 생각뿐이에요. 아무래도 제가 목표가 없어서 친구보다 뒤처진 것 같아요."

P는 몰랐겠지만 이미 답변에서 인생의 목표가 만들어졌다. 누구나 내면에 있는 생각을 끌어올리기만 하면 목표는 쉽게 잡힌다. 답변에서 '40살에 퇴사하고 싶다'는 목표가 생겼다. P는 서른 살을 한 달 남겨 놓고 있었다. 앞으로 퇴사까지 10년하고, 한 달이 남았다.

"10년 뒤에 퇴사하려면 얼마가 필요할까?"

P는 쉽게 대답하지 못했다. 핸드폰 계산기를 이용해서 계산하고 또 계산했다.

"10년은 무리일 것 같고, 아무래도 50살에 퇴사해야겠어요."

오랫동안 생각하고 어렵게 나온 대답이었다.

P는 일을 선택했다. 아쉬운 표정이었다. 꽤 오랫동안 한 달 생활비를 계산했고, 퇴사 이후 얼마가 필요할지를 고민했다. 계속해서 스스로에게 질문도 했다.

'얼마의 돈과 시간이 필요할까?'

현재 생활비의 80퍼센트로 50~90세까지 40년을 살아가야 한다면 얼마가 필요할지를 계산해보고는 투자 금액과 저축액을 늘려야겠다는 말도 먼저 꺼냈다. 그러나 P가 놓친 것이 있다. 물가 상승률과 화폐 가치의 하락이다. 일단은 자신감만 더 떨어질 것 같아 말하지 않았다.

P는 생각보다 더 많은 돈과 시간이 필요하다는 생각을 한 것만으로도 머리가 복잡해보였다. P는 집에 돌아갈 때까지 계속 질문을 했다.

'1년 뒤에 하고 싶은 일은 뭘까? 5년 뒤엔? 10년 뒤엔?'

슬기롭게 퇴사하기

퇴사 계획이 있다면 회사를 다닐 때 몇 가지를 점검해봐야 한다. 65세에 국민연금을 받는다고 가정하면, 소득 없이 생활해야 하는 기간만 최소 15년이다. 국민연금과 기타 자산만으로 노후에 30년 이상을 살아가야 한다. 퇴사란, 당장 힘든 마음에 급하게 결정할 일이 아니다.

퇴사에도 슬기로운 계획이 필요하다. 50세에 퇴사하고 일을 완전히 그만둘 것인지, 이직을 하려면 어떤 직종으로 할 것인지 생각해봐야 한다. 사업을 준비 중이라면, '사업 자금은 얼마가 필요할지?', '소득이 없는 구간에 큰 경조사는 있는지?' 구체적으로 살펴봐야 한다. 건강 검진처럼 재정 상태도 정기 점검이 필요하다.

노후파산을 심각하게 겪는 일본의 '단카이 세대'가 있다. 우리나라 베이비부머 세대와 비슷하다. NHK에서 방영된 〈단카이 세대에게 돌아온다. 노후파산〉 다큐멘터리 내용을 책으로 만들어 베스트셀러가 되었다. 우리나라보다 먼저 고령화 사회로 진입한 일본은 독거노인 6백만 명 중 2백만 명이 노후파산 상태다. 일본의 교도소 여성 수감자 중 65세 이상 노인의 비율이 34퍼센트나 되는데 죄목이 대부분 '단순절도죄'이다. 교도소에 가면 먹여주고, 재워주고, 아프면 치료도 해주고, 무엇보다 외롭지 않기 때문에 교도소에 가기 위해 마트에서 물건을 훔치고 최대 징역 2년형을 받는다고 한다.

우리나라 노인들도 일본 못지않게 비참한 노후를 보내고 있다. 10년 전부터 1차 베이비부머 세대의 은퇴가 시작되었지만 은퇴 설계를 준비한 퇴직자는 10퍼센트도 안 된다. 은퇴 준비가 왜 필요한지, 현재 재정 상태와 은퇴 후의 재정 상태는 어떤지, 60세에 은퇴해서 국민연금을 받기까지 어떻게 살아갈 것인지에 대해 고민도 해본 적이 없다고 한다. 그들은 월화수목금금으로 일한 죄밖에 없다. 위로는 부모를 공양하고, 아래로는 자녀 교육에 노후자금까지 다 써가며 헌신했다. 가장 열심히 살았던 세대의 은퇴 이후가 너무 비참해 가슴이 아프다. 일을 하고 있을 때 제대로 은퇴를 준비했더라면 적어도 우리나라가 '노인 자살률' 1위는 되지 않았을 것이다.

은퇴자산연구소 김진영 소장은 은퇴하면 '버킷리스트'가 아니라 인생의 틈새를 메워줄 '크레바스 리스트'부터 만들라고 말한다. 나도 P에게 직장에서 은퇴하고 국민연금을 받을 때까지 소득이 없는 기간을 '어떻게 살아갈 것인지?'에 대해 크레바스 리스트를 작성해 보라고 했다.

저축한 돈을 수령할 때도 계획을 세워놓아야 한다. 첫째, 평생 받을 수 있는 금융자산 한 가지는 퇴사하기 전에 꼭 마련하라. 의식주 해결은 국민연금과 퇴직연금으로 가능하다. 둘째, 복지형 자산을 준비하라. 부동산 자산이든 연금자산이든 상관없다. 75세 이전까지는 그 돈으로 좋아하는 여행도 다니면서 노후생활을 즐기다가 75세 이후에는 간병자금으로 쓸 수 있다. 복지형 자산도 사회초년생 때부터 준비해야 한다.

여행을 좋아하는 P에게 마지막 순간까지 아낌없이 즐기라는 메시지를 담은 영화 〈버킷리스트: 죽기 전에 꼭 하고 싶은 것들The Bucket List, 2007〉를 추천해주었다. 버킷리스트도 작성해 보라고 했다. P는 영화에서 가장 기억에 남는 대사로 다음을 꼽았다. '삶의 마지막에서 가장 많이 후회하는 것은 살면서 한 일들이 아니라 할 수 있음에도 하지 못한 일들이다.'

P가 퇴사를 위해 미리 준비할 수 있음에도 하지 못해서 노후에 후회하는 일이 없었으면 좋겠다.

현금이 사라져가는 세상

현금이 사라지고 있다. 2018년 4월, 스타벅스는 '현금 없는 매장'을 시범 도입했다. 정부도 환영할 일이다. 지폐와 동전 발행 비용을 줄일 수 있고 위조지폐, 금융사기, 탈세 같은 범죄 행위도 막을 수 있으니 말이다. 실물 화폐의 축소는 어쩔 수 없는 현대 사회의 흐름이다. 국내뿐만이 아니다. 스웨덴의 현금 사용률은 2016년에 1.4%로 떨어졌고, 덴마크 또한 2017년 1월부터 실물 화폐 제작을 중단했다.

현금 없는 시대에서 살아남기 위해서는 절세 상품에 가입해서 세금에 대한 준비를 철저히 해야 한다. 절세 상품은 은행, 증권사, 보험회사에서 가입할 수 있다. 은행이나 보험회사는 안정적이고 공격적 투자와 수익성을 원한다면 증권사 상품을 추천한다. 수익성이 높은 상품에 가입할 때는 꼭 확인해야 할 사항이 몇 가지 있다. 원금보존형인지, 배당금이 지급되는지, 그리고 특히 절세 상품의 경우 일정 기간 불입을 하지 않으면 혜택받던 세금을 반납해야 하는지 등이다.

소득 공제를 많이 받을수록 세금도 줄어들기 때문에 직장인인 P에게 체크카드 사용을 추천했다. 어차피 정해진 예산 안에서 소비할 때는 신용카드보다 체크카드가 지출 관리도 더 용이하다. 과거에는 신용카드에 비해 체크카드가 혜택이 적었다면 최근에는 체크카드로 사용한 금액도 연말정산에서 세액 공제를 받을 수 있게 되면서 수요가 늘어났다.

그럼 신용카드는 왜 사용할까? 신용카드를 잘 쓰고 잘 갚으면 신용 등급이 좋아지고, 가끔 목돈이 없을 때 할부 서비스를 이용하기 위해서다. 신용카드는 95퍼센트가 외식과 쇼핑, 문화생활, 편의점에 집중되어 있기 때문에 식음료 구매 시 할인/적립혜택, 무이자 할부에서 경제적 이익을 얻을 수 있다. P에게 맞는 카드를 선택하여 생활비도 할인받는 법을 기억해둔다면 지출 관리에서 큰 도움을 받게 될 것이다.

싱글족인 후배에게는 편의점 할인과 타임&공과금 할인까지 되는 신한 Mr.Life 카드, 약국과 병원에서 할인되는 롯데 I'm JOYFUL 카드, 배달의 민족 앱을 이용하면 할인이 되는 우리카드를 추천해주었다. 그러나 싱글라이프를 즐기기 위한 할인 혜택과 포인트가 쌓인다는 이유로 카드 사용을 즐기진 말았으면 했다. 지출 관리가 가장 중요했기 때문에 한 달 생활비는 체크카드로 썼고, 정해진 금액 안에서 신용카드를 사용해 신용 등급과 한도를 늘리는 계획을 추천했다.

부자들은 재산을 어떻게 늘릴지가 아니라 어떻게 재산을 지킬 수 있는지 그 방법을 고민한다. 앞으로 다가올 현금 없는 시대에서 살아남기 위해서 P가 티끌 같은 돈도 놓치지 않길 바란다.

6장

당장 방 빼!

"매일이 행복하진 않지만,

행복한 일은 매일 있어!"

─곰돌이 푸

"가게 빼주셔야겠어요."

아침부터 집주인에게 전화를 받고 Q의 심장이 쿵 내려앉았다.

Q는 인테리어 소품 쇼핑몰과 커피숍을 운영한 지 3년이 넘었다. 제법 입소문도 났고 단골 고객도 생겼던 터라 집주인의 전화는 너무 갑작스러웠다. 자기 아들이 샌드위치 가게를 운영할 계획이라고 했다. 약간의 권리금을 주겠다고는 했지만 애써 모은 단골 고객들은 어쩌란 말인가? Q에게 가게는 유일하게 숨을 쉴 수 있는 생존 공간이었다. 혼자서 벽에 페인트를 바르고 바닥에 타일을 깔며 마련한 소중한 공간에서 쫓겨나야하다니. 게다가 불과 6개월 전에 모아 놓은 돈으로 리모델링까지 한 상태라 돈도 없었다.

상담 시간에 Q는 여러 사람을 욕했다. 스물다섯 살의 CEO로 꽤 많은 돈을 벌고 있었지만 내 앞에 앉아 있는 Q는 세상에 대한 불만으로 가득 찬 사람 같았다. 왜 이렇게 부정적인지 궁금했다. 권리금을 주니 그나마 다행 아닌가 싶은 생각도 들었다. 권리금도 못 받고 가게를 정리하는 임차인은 의외로 많다. 온통 남 탓만 하는 Q와 상담을 진행하기가 쉽지 않았다.

Q의 이야기가 시작되었다. 부모님의 사업 확장으로 초등학교 때 캐나다로 이민을 가게 된 Q는 언어도 서툴고 인종 차별도 받아 외톨이가 된 기분이었다. Q는 어렵게 대학에 입학을 했지만 부모님은 기다렸다는 듯 이혼을 했고 채 1년도 되지 않아 각자 재혼을 했다. '그동안 너 때문에 이혼을 못한 거야.'라고 말하는 듯했다. 대학은 한국에서 다니고 싶다고 했더니 별 반대 없이 바로 가라고 하자 부모님께 마치 뒤통수를 맞은 기분이었다. Q는 대학교 학비와 생활비를 지원받는 조건으로 한국에 돌아왔다. 그러나 재혼을 했음에도 자식을 위해 학비와 생활비를 지원해주는 부모님에 대해 Q는 전혀 감사해 하지 않았다.

Q는 한국에 오자마자 악착같이 돈을 벌었다. 남들은 연휴에

가족을 만나 기뻤지만 Q는 고액의 단기 아르바이트를 할 수 있어 기뻤다. 부모님께 받는 돈으로 인테리어 쇼핑몰을 창업한 지 3년이 넘었다. 커피숍은 Q의 생활공간이었다. 6개월 뒤면 졸업이라 생활비와 학비 지원도 끊길 예정이었다. 오로지 혼자 독립하겠다는 의지로 앞만 보며 달려왔는데 곧 쫓겨날 위기에 빠지고 말았다. Q는 앞으로 어떻게 살 집과 일할 곳을 구해야 할지 막막했다.

● 집을 구하기 전에
●
●
　"커피숍은 접고 앞으론 쇼핑몰만 운영할 생각이에요. 집을 구해서 일도 할 수 있는 공간으로 꾸미고 싶어요."

　집 구하기 전 체크리스트를 뽑아줬다. 연령대가 낮아질수록 〈직방〉, 〈다방〉 같은 '부동산 중개앱'이 인기다. Q도 앱에서 월세나 전세 물량을 체크했다. 스마트폰은 보정 기술이 뛰어나서 사진만 보고 방을 구했다가 낭패를 보는 경우가 있으니 직접 방문해보라고 했다. 특히 집의 밝기는 사진으로만 체크하기 가장 어려운 부분이라서 낮과 밤에 한 번씩 방문해야 한다는 다짐도 잊지 않았다.

　나도 집이 생긴다는 생각에 들떠서 실수를 한 적이 있다. 오후 5시쯤 노을이 가장 예쁠 때 원룸을 보러 간 것이다. 창문으로 따뜻한 노을빛이 들어오는데 그 분위기가 너무 마음에 들어 계약을 진행했다. 며칠 뒤 오전에 이사를 하는데 건물이 생각보다 낡은 것을 새삼 알게 되었다. 그리고 살다 보니 오후에 햇살이 들어와서 여름에 푹푹 찐다는 것도 알게 되었다. 그 이후 집은 무조건 오전에 보러 다니게 되었다. 혼자 살아본 적이 있는 지인과 동행하거나, 사진과 나침반을 가지고 가서 직접 체크해보는 것이 가장 좋다. 요즘은 스마트폰에 나침반 기능이 있으니 중개사나 주인말만 믿지 말고 직접 체크하자.

　단열 문제로 곰팡이가 발생하는지도 점검해봐야 한다. 곰팡이는 사람의 노력만으로 해결될 문제가 아니라서 신중해야 한다. 환기도 중요하고 장마철에 침수가 되는 지역인지도 점검해야 한다. 꼭 1층이나 반지하가 아니더라도 중요한 체크 사항이다. 공인중개사나 집주인에게만 물어보지 말고 직접 시청이나 구청에 전화를 걸어 알아봐야 한다.

　지하철에서 00분 거리라고 광고한 내용만 믿지 말고, 교통은 직접 이동해보면서 확인해봐야 한다. 집을 구할 때 공인중개사의 자동차를 타고 다니며 부동산 물건을 보는 경우가 대부분이다. 따라서 실제 도보시간과 다른지는 따로 체크해봐야 한다. 자가용이 없다면, 걸어서 10분 이내에 버스 정류장과 지하철이 있으면 좋은 조건에 해당된다. 걸어서 10분 이내에 대형마트나 시장이 있다면 생활비를 절약할 수 있다.

사람마다 집을 구할 때 우선순위가 다르다. 내 경우엔 걸어서 15분 이내에 도서관이 있는지 체크한다. 요즘 도서관에서는 민화 그리기, 캘리그래피 배우기, 영화 상영 등 다양한 문화 행사가 진행된다. 1년에 한 번씩은 월간지도 무료 배포된다. 비싸서 살 엄두가 나지 않았던 해외 인테리어 잡지를 무료로 받은 적도 있다.

1인 가구에 거주하는 여성들은 범죄에 노출될 확률이 높다. 따라서 '여성 안심 귀가 서비스'를 이용할 수 있는 지역인지도 중요하다. 밤 10시부터 새벽 1시 사이 귀가하는 여성들을 자원봉사자가 동행해 주는 서비스다. 관할 구청 사무소에 전화하면 알려준다. 혼자 사는 Q에게 중요한 정보다. 부정적인 Q가 남에게 도움을 받는 서비스를 이용한다면 조금은 덜 부정적인 시선으로 세상을 살아갈 수 있을 것이라고 생각했다.

마지막으로, Q에게 피하고 싶은 집이 있는지 물어봤다. 애완동물과 담배 냄새를 싫어한다고 했다. 1인 가구가 늘면서 애완동물을 키우는 사람들도 많아졌다. Q와는 반대로, 애완동물을 키우고 있다면 애완동물과 함께 생활해도 되는 집을 구해야 한다. 애완동물은 주인이나 주변 사람들에게 들키기 쉬워서 트러블이 생길 가능성이 크기 때문이다. 흡연이 되는 집인지도 확인해봐야 한다. Q에게는 애완동물 금지, 금연 건물인지가 체크 사항이었다.

Q의 성공적인 독립을 위해 이번에는 저축 습관에 대해 살펴봤다. Q에게 흰 종이에 오늘 사용한 지출을 기록해보도록 했다. 그렇게 일주일 동안의 기록을 모은 뒤 지출 규모를 파악해봤다.

● 돌아온 저축 트렌드

많은 사람들이 저축에 실패한다. 그들은 저축에 비관적이다. '나는 원래 저축을 못해', '한 번도 만기적금을 받아본 적이 없어', '여유가 없어', '이번 달 생활하기도 빠듯해'라는 말을 입에 달고 산다. Q도 저축에 부정적이었다. '일도 하는데 왜 돈이 없다고 하는 걸까?' 매달 자동이체가 되는데도 결국엔 완납을 못 할 거라고 의심했다.

돈을 헤프게 쓰는 사람은 늘 돈이 없다. 수입이 30퍼센트 늘었다고 해서 저축을 30퍼센트 늘릴 수 있는 사람이 얼마나 될까? 여유는 늘 없다. 2021년 9월 16일 기준금리 연 0.75페센트로 지난 달 금리를 인상했다. 대출받은 가계의 이자 부담이 커졌다. 물가 상승률 역시 계속된다. 앞으로 살기가 더 팍팍해진다는 뜻이다. 저축은 세금과 같다. 태어나서 죽을 때까지 내야 하는 세금처럼 저축도 죽을 때까지 해야 한다.

안시성 전투에서 양만춘과 사물은 전투를 앞두고 이런 대화를 한다.

"성주는 정말 이길 수 있다고 생각합니까?"

"넌 이길 수 있을 때만 싸우느냐?"

저축은 저축할 수 있을 때만 하는 게 아니다. 늘 쪼개고 쪼개서 저축하는 것이 진짜 저축이다.

Q에게 가계부를 쓰는지 물었다. 귀찮아서 안 쓴다고 했다.

가계부 앱도 깔려 있지 않았다. 대체 그동안 어떻게 사업을 했을지 궁금했다. 세금 신고는 무조건 세무서 사무실에 맡긴다고 했다. 사람을 잘 안 믿고 부정적인데 정작 가장 중요한 돈 문제는 오히려 세무서 사무실에 맡기고 있었다.

한 달 지출한 카드 사용 명세서를 보면서 종이에 직접 기록을 해보도록 했다. Q는 그 과정에서 자신이 생각보다 많은 돈을 지출하고 있었다며 놀라워했다. 특히 출처를 알 수 없는 '미파악 지출'이 많았다. Q의 지출에는 계획이란 것이 없었다. 미파악 지출만 제대로 찾아내도 매달 30퍼센트는 저축을 할 수 있을 것 같았다.

함께 가계부를 쓰기 시작했다. 책《2020년 내 집 마련 가계부》에서 돈 공부와 돈 걱정은 가계부 한 권으로 끝낼 수 있다고 말한다. 저자는 자녀를 세 명 키우는 전업주부에서 이 책 한 권으로 가계부 분야 2년 연속 베스트셀러를 달성한 작가가 되었다. 자신의 꿈이었던 '내 집 마련'의 목표를 세운 뒤 가장 먼저 실천한 것이 가계부 쓰기였다고 한다. 한 번 써본 사람들은 다시 쓰게 되는 것이 가계부란다. 가계부를 꼼꼼히 적는 것만으로도 미파악 지출은 충분히 줄일 수 있다.

가계부 앱에도 가입해서 지출 분석을 받아봤다. 소비 습관을 데이터로 분석해서 할인을 받을 수 있는 카드도 추천 받았다. 레저비와 문화비를 기반으로 저렴한 보험도 추천 받았다. 디지털 기술은 빠르고 편리한 소통을 가능하게 해준다. 다만 너무 편리하다 보니 쉽게 쓰고 빠르게 거래되면서 돈에 대해 무감각해지는 부작용도 발생한다.

Q는 일주일 단위로 현금을 뽑아 종이봉투에 넣고 사용하기로 했다. 현금을 다 사용한 후에 카드를 쓰기 시작하면 현금이 줄어드는 속도가 어느 정도 보이기 때문에 계획적인 지출이 가능해진다. 이는 돈에 대한 감각을 키우고 지출에 대한 통제권을 잃지 않게 해준다.

요즘처럼 경기가 어려웠던 적도 없다. 경기가 정점을 지나 하강 국면에 접어들고 이후 회복 기미 없이 저점 상태에 장시간 머무는 L자형 경기 침체 시대다. 사람들은 경기가 어려울수록 작은 소비를 통해 스트레스를 푼다. 소비를 통제하지 못하면 돈을 모을 수 없다.

과거 우리 부모 세대가 했던 재테크 방식으로 돌아가야 한다. 편리한 디지털 세상에 익숙해져 돈에 대한 감각이 무뎌지고, 지출에 대한 통제권을 잃어버려서는 안 된다. 부모님들은 가계부를 작성하며 계획적으로 가정의 경제를 꾸려 나갔다. 먹는 것과 입는 것을 아끼고, 쪼개서 저축했던 방식으로 말이다. 저축에도 다 계획이 있었다. Q도 과거의 재테크 방식으로 돌아가야 할 것 같았다.

● 스마트한 예·적금

미래를 준비하는 1인 가구의 절반 이상은 보유자산이 충분치 않다고 답했다. 만나 보면 미래에 대한 불안감을 느끼고 있었다. Q도 보유자산이 없었다. Q 역시 미래에 대해 불안감을 느껴 매사에 부정적이었다. 우리는 부족한 미래 자산을 준비하기 위한 방법으로 '지출 관리', '추가 소득원 영입' 등을 계획했다.

늘어나는 1코노미1인과 경제(Economy)가 합성된 신조어 겨냥한 스마트한 금융상품이 출시되고 있다. '1코노미'인 Q의 관심 분야를 모아 혜택을 패키지로 구성한 스마트한 상품들을 추천해주었다. Q는 혼자도 잘 먹고, 잘 살 수 있게 도와주는 상품이 있냐고 물어봤다.

먼저, 운동을 귀찮게 생각하는 그녀에게 건강 관리와 재테크 양쪽에서 이자를 받을 수 있는 상품인 신한은행 '헬스플러스' 적금을 추천했다. 건강 관리와 재테크에 가장 관심이 높은 1코노미 고객들을 위한 상품이다. 하루에 10만보 이상 걷기, 수면 패턴을 10일 이상 기록한 경우, 아침·점심·저녁 식단을 10일 이상 기록했을 경우 등 건강 관리 목표를 달성하면 우대 이자율을 제공한다. 국민체육진흥공단에서 체력을 측정하고 운동 처방을 받으면 연 0.10퍼센트포인트의 우대금리가 더해진다. 결제 실적이나 비대면 채널 가입 여부에 따라 최대 2.10퍼센트의 금리를 적용받을 수 있다. Q의 건강관리와 재테크, 두 마리 토끼를 잡을 수 있는 금융상품이다.

저축 외에도 여행·주말과 관련된 보험서비스를 부가 혜택으로 제공하는 KB국민은행의 KB스마트폰적금을 추천했다. Q의 라이프스타일에 맞춰 여행, 스마트금융, 자산 관리와 관련된 다양한 우대 이율 및 부가서비스를 제공하는 스마트폰 전용 적금이다. 가입 금액은 최소 1만 원 이상, 계약 기간은 6개월에서 36개월 중 월단위로 선택 가능하다. 금리는 3년제 기준 최고 연 2.5퍼센트까지 적용 받을 수 있다. 우대 이율은 총 6개 항목으로 항목당 연 0.1퍼센트포인트씩 최고 연 0.6퍼센트포인트가 제공된다. 공과금 자동 납부, 소비, 여행 관련 우대 이율 각 0.1퍼센트포인트씩 제공되며, KB의 3대 금융 앱인 리브^Liiv, 리브 메이트^Liiv Mate, KB마이머니 회원 가입 시 각각 연 0.1퍼센트포인트의 우대 이율도 제공된다.

주의할 점은, 스마트한 금융상품들은 관련 프로그램과 연동을 해야만 추가 이자를 받을 수 있는 상품들이 대부분이기 때문에 가입할 당시 사용해야 할 프로그램 등을 각 금융회사별로 정확하게 체크해야 한다.

● 안녕? 환율

Q는 일본에서 인테리어 소품을 수입해 쇼핑몰에서 판매할 계획이었다. 기존의 오프라인 방식에서 온라인을 주축으로 사업을 변경하는 것이다. 그동안 1층의 비싼 월세를 내고 인건비도 상승해서 사업의 변화를 생각하던 참이었다. Q가 해외 물건을 수입한다면, 환율에 대해 알 필요가 있었다.

환율이 상승하면 한국은행은 기준 금리를 올린다. 하지만 국민 대부분이 부동산 대출을 받고 있어 기준 금리를 올리기는 쉽지 않다. 금융 위기나, 세계 경제 위기가 아니더라도 환율과 금리는 우리의 실생활과 밀접하게 관련되어 있다. 재테크에 관심이 있다면, 환율과 금리 변동을 이해하고 관심 있게 봐야만 경제적 손실을 보지 않을 것이다.

나는 2008년 서브프라임 모기지론 금융 위기 때 일본에서 학교를 다니고 있었다. 그때 처음으로 환율에 관심을 갖게 되었다. 2006년 3월, 나는 일본으로 유학을 결심했다. 1년 동안 직장을 다니면서 모아놓은 돈을 6개월간의 어학원 학비와 생활비로 지출했다. 남은 돈은 정규대학 1회치 학비와 3개월 생활비가 전부였다. 2007년 3월 1일, 환율은 799.27엔까지 내려갔다. 그러나 살 만한 생활도 잠시였다. 문제의 2008년 서브프라임 금융 위기가 터진 것이다. 환율이 급등하기 시작했다. 2008년 12월에는 환율이 폭등해서 1,531.37엔까지 치솟았다. 2009년 9월 마지막 학비를 송금할 때 환율은 1,345.69엔이었다. 4년 동안 2배 가까이 치솟은 셈이었다.

2005년		2006년		2007년		2008년		2009년	
3/1	962.50	3/1	836.65	3/1	799.27	3/1	909.78	3/1	1.564.55
6/1	927.80	6/1	841.41	6/1	792.32	6/1	973.87	6/1	1.320.60
9/1	937.60	9/1	819.10	9/1	810.57	9/1	1.001.38	9/1	1.340.32
12/1	864.32	12/1	804.29	12/1	834.21	12/1	1.531.37	12/1	1.345.69

(출처 : 한국은행 경제통계시스템 – 주요국 통화 대 원화 환율)

해외의 자녀에게 학비와 생활비를 보낸다고 가정해보자.

2007년 3월 1일에는 100만 엔을 송금하려면 원화로 799만 원이 필요했다. 그러나 2008년 12월, 엔화가 폭등한 시기에는 100만 엔을 송금하려면 1,531만 원이 필요해졌다. 1년 사이에 765만 원, 한 학기 등록금에 가까운 돈을 더 보내야 했다.

나는 2006년부터 4년간 일본에서 유학 생활을 하면서 엔화가 폭등할 때마다 가슴을 조려야 했다. 반대로 만약 2006년부터 2009년까지 일본에서 직장 생활을 했다면 엔화의 폭등으로 수입이 높아졌을 것이다. 그들은 엔화가 하루라도 오르면 한국으로 1엔이라도 더 송금하려고 했다. Q 역시, 앞으로 환율과 금리에 관심을 갖고 사업을 계획해야만 손해를 보지 않을 터였다.

● 부정적인 생각을 버려라
●
●

　Q는 만날 때마다 '일해서 뭐하나?', '살아서 뭐하나?'라는 부정적인 말들을 자주 했다. 요즘 젊은이들은 많은 것을 포기하며 살아간다고 한다. 연애·결혼·출산·내 집 마련·인간관계를 포기한 세대를 5포 세대, 여기에 더해 희망과 꿈까지 포기한 세대를 7포 세대, 다 포기한 세대를 N포 세대라고 부른다. 그나마 경제 활동을 포기하지 않은 Q가 대단하단 생각이 들 정도로 Q는 매사에 부정적이었다.

　"부모님의 이혼이 시작이었던 것 같아요. 제 불행을 잊어보려고 더 불행한 사람들의 영상을 찾아서 봤어요. 영상 주인공들이 나보다 더 비참하게 살아가는 걸 보면서 위안을 받았죠. 뉴스도 부정적인 뉴스가 더 눈에 띄더라고요. 자연재해, 전쟁, 정치 부패, 노사문제, 부당해고, 독거사, 미성년자 문제 등이요. SNS에서도 세계 각지의 사람들을 사귀었지만 부정적인 정보도 공유하며, 저도 같이 부정적으로 변해갔어요. 이제는 '일해서 뭐하나?'가 아니라, '살아서 뭐하나? 다 포기하고 죽고 싶다.'라는 불행한 생각까지 들 정도예요."

　부모님의 이혼은 Q의 잘못이 아니다. Q의 부모님도 최선을 다했다. 어린 자녀를 위해 부모님은 Q가 스무 살이 될 때까지 이혼을 보류했고 이혼 후에도 학비와 생활비를 지원했다. 부모님은 어린 딸의 앞날을 걱정하고 사랑했던 것이다. 가게 임대인 역시, 자녀의 앞날을 걱정하는 한 아버지의 마음이었다. Q의 노력을 조금이라도 보상해주고 싶어 권리금을 제시했다. 조금만 달리 생각해 보면, Q는 많은 사람들에게 사랑을 받고 있었다.

Q에게 부정적인 생각은 이제 그만 버리라고 했다. 부정적인 뉴스와 불행한 사례들을 접하다 보면 시작도 안 하고 포기부터 하게 된다. 포기도 습관이라는 말이 있다. '난 안되는 사람이야. 난 원래 그런 사람이야. 이럴 줄 알았어. 내가 무슨' 이런 안타까운 말을 입에 달고 살아가게 된다. 부정적인 생각 때문에 불필요한 스트레스가 쌓이고 포기하는 법부터 배우게 된다. Q가 부정적인 시선에 사로잡혀 긍정적인 면을 놓치고 후회하지 않았으면 좋겠다.

7장

무작정
독립하지 마라

"신이 인간에게 평등하게 준 것은 시간뿐이다.

시간을 효과적으로 사용하느냐 마느냐는

그 사람의 재능에 달려있고,

시간을 멋지게 이용한 사람만이 성공을 거머쥘 수 있다."

-혼다 소이치로

Y를 처음 본 건, 16년 전 디자인 학원에 다닐 때였다. Y는 인테리어 디자인 학교를 졸업하고 아버지 회사에서 디자이너로 일을 하며 미국 유학을 준비하고 있었다. 유명한 인테리어 디자이너들과도 함께 일한 경험이 있는 프로 디자이너였다. 유학 생활도 자신이 벌어놓은 돈으로 준비 중이었다. 당시 학생이었던 나는 프로들과 일하며 유학 자금까지 준비한 Y가 무척 부러웠다.

7년 뒤, Y는 미국에서 디자인 학교를 졸업하고 사업을 시작하기 위해 한국으로 돌아왔다. Y는 시장 조사도 없이 인테리어 회사를 설립했다. 과거 아버지 회사에서 일한 경험이 있으니 자신이 있었던 것이다. Y는 늘 외국 디자인 회사들을 동경했다. 무엇보다 아버지한테 더 이상 일을 배우고 싶어 하지 않았다. 자신만의 색깔로 회사를 이끌어보고 싶은 생각만으로 무작정 저지른 독립이었다. Y의 사무실은 2천만 원이 넘는 스피커와 인테리어 소품, 비싼 전문가용 카메라들로 가득했다. 화려한 독립이었다.

Y는 가족과 지인의 도움으로 1년 만에 투자금의 두 배 이상의 순이익을 남겼고 그 돈을 펀드에 투자했다. 나는 Y가 왜 그 많은 돈을 증권사에 '몰빵' 투자했는지 의아했다. 담당자도 말렸다던 선물옵션에 전부 투자한 이유가 궁금했다. 그 외에도 5천만 원을 잘 알지도 못하는 해외펀드에 투자해서 손해를 보고 있었다. Y는 일에서는 프로였지만 돈에 대해서는 아마추어였다. 무엇보다 자신의 투자 성향도 모른 채 증권사 상품에 투자한 점은 돈에 대해 몰라도 너무 모른 결과였다. 사업도 하는 사람이 돈에 대한 감각은 왜 이렇게 부족했을까?

Y의 어머니는 증권사에서 일했던 경험으로, 아들을 위해 주식과 채권, 펀드 상품에 저축을 해왔다. 어머니 덕분에 서른 살 이전에 5천만 원의 비상 자금과 2억 5천만 원짜리 20평대 아파트를 소유할 수 있었다. 미국에서 공부하는 7년 동안 아파트에서 90만 원의 월세를 받았다. Y는 증권사 상품에 대해 호의

만 가득했던 것이다. 교육비부터 잉여자금까지 증권사 상품으로 마련했으니 당연했다. 과거 어머님이 만들어 주신 재산만 믿고 무작정 독립을 하고 투자를 한 게 문제였다. Y가 만약 어렵고 힘들게 돈을 모아 독립을 했더라면, 그런 돈으로 투자를 계획했더라면 적어도 '묻지 마'식의 '몰빵' 투자는 하지 않았을 것이다.

불행은 한 순간에 온다고 했던가. 투자한 지 얼마 지나지 않아 미국발 금융 위기가 터졌고 Y는 어마어마한 손실을 입고 사무실 월세조차 낼 수 없게 되었다. 아파트를 팔아서 부도는 겨우 막았지만 서른다섯 살의 나이에 빈털터리가 되었다. 화려하게 독립했던 Y는 초라하게 아버지 회사로 컴백했다. Y는 나에게 다시는 이렇게 되고 싶지 않다며 자신의 재무 상태를 점검해달라고 부탁했다.

● 엄마에게 물어봐

"모든 자산은 어머니가 관리해. 내가 초등학생일 때부터 어머니는 증권사 상품을 통해 저축을 하셨던 것 같아. 생일, 어린

이날, 크리스마스, 명절 때마다 적게는 1만 원부터 많게는 10만 원까지 꾸준히 저축을 해주셨어. 교육보험, 질병보험은 당연히 있었고, 내가 20대 후반일 때 들어주신 개인연금보험도 5년 동안 월 50만 원씩 내서 납입이 끝난 상태래. 계약자와 수익자는 모두 어머님 이름이고. 내가 모르는 돈이 많더라고. 회사가 부도 직전이었을 때 어머님이 그동안 준비해둔 자산으로 해결해주려고 하셨는데 아버지가 말리셨다고 하더라고. 하나 밖에 없는 아들이 다시는 무리한 독립을 하지 않기를 원하셨다나 봐."

사업을 하다 보면 크고 작은 위기가 생기기 마련이다. 그럴 때마다 부모님이 도와줄 수는 없는 노릇이다. 현명한 분들이었다.

Y는 돈에 대해 아는 것이 없었다. 별로 알려고도 하지 않았다. 세금 관리를 위한 연말정산용 세액공제 상품을 추천해줄 때도, 무조건 어머니랑 상의해달라고 했다. 언제까지 어머니 그늘에 있으려고 하는지, 서른 살이 넘은 Y가 한심하게 느껴졌다. 어머니가 아들을 위해 준비했던 상품들과 부동산 자산에 대해 설명을 해줬더라면 Y가 아파트까지 날리지는 않았을 것이다.

공부했다고 치기에는 너무 비싼 대가를 치른 셈이었다. 어머니는 Y가 스스로 독립을 할 때까지 잘 준비해서 지켜주고 싶었다고 했다. 그러나 돈은 불리는 것보다 지키는 게 더 어렵다는 사실을 뒤늦게 알았다며 지난날을 후회했다.

요즘 Y는 펀드와 부동산 공부를 시작했다. 10년 전에는 손해만 봤는데 직접 펀드 공부를 하고 난 뒤 투자를 해보니 조금씩 수익률이 오르고 있다며 밝게 웃었다. 앞으로 Y는 부동산에도 투자해서 스스로 아파트도 마련해볼 생각인 것 같았다. 퇴근 길에 부동산에도 들르고 교육에도 참여했다. 위기를 겪고 난 뒤 돈을 대하는 태도가 달라져 있었다. Y는 최고의 재테크는 남이 시키는 대로 하는 것이 아니라 직접 배워서 해보는 것이라고 말한다. 더이상 어머니에게 물어보라는 말은 하지 않았다. 앞으로 생존 자금도 준비하지 못한 채 무작정 독립하지 않을 것이라고 했다.

가치투자와 장기투자의 중요성

Y는 소득의 10퍼센트 정도만 떼어 두 개로 나눠 분산투자를 하고, 30퍼센트 수익률이 나면 환매를 하고 재투자를 했다. 수익금을 안전한 상품으로 옮겨 담아 지키고 있었다. 과거 재테크에 실패했던 가장 큰 이유는 '몰빵' 투자로, 아무것도 모르는 상태로 무조건 남들이 좋다는 데 투자하는 습관이었다. Y는 뼈아픈 경험을 한 후, 매일 주가지수도 적어보고 분석도 해보기 시작했다. 스스로 공부를 하면서 재테크에도 나름 법칙이 있다는 것을 깨달았다. 투자 수익률이 좋아서 Y가 또 다시 단기적인 수익률을 위한 투자를 하고 있을까 봐 걱정이 되었지만 다행히 장기투자도 계획하고 있었다. 좀 더 일찍 장기투자와 분산투자를 했더라면, 부모님께 물려받은 재산을 제대로 키워냈을 것 같다는 아쉬움이 남았다.

과거 Y는 자신의 투자 성향이 안전 성향인지, 수익 성향인지 분석도 해보지 않고 무작정 회사와 가까운 증권사에 찾아가 가입부터 했다. 저축하는 목적과 기간을 생각하지 않고 투자한 결과는 금전적 손해로 이어졌다. 주변에서는 비싼 공부한 셈 치라고 했지만 억울하고 무지했던 자신한테 화가 나서 한

동안은 먹지도, 자지도 못했다.

　얼마 전, 사회초년생들에게 재무 설계 강의를 하다 놀란 적이 있다. 그들은 Y가 했던 투자 방식보다 더 위험한 방법으로 자금을 마련하고 있었다. 2015년 H그룹 신입사원 공채에 합격한 2년차 사회초년생 이씨는 가상화폐인 비트코인에 2017년부터 2천만 원을 투자했다. 대학 시절부터 옥탑방에서 싱글족으로 생활한 그의 친구 서씨도 신용 대출로 받은 1천만 원을 비트코인에 투자했다. 친구 따라 강남 간 사례다. 처음 이씨가 2천만 원으로 비트코인에 투자한 이후 6개월 만에 50퍼센트 이상의 수익률을 창출하는 것을 보고, 여유 자금이 없었던 서씨는 대출까지 받아서 비트코인에 투자했다. 2018년 마지막 날 비트코인은 폭망했다. 터무니없는 장밋빛 예측으로 사회초년생 두 명은 입사해서 모은 돈을 하루아침에 날렸다. 무리하게 대출까지 받은 서씨는 빚과 이자까지 생겼다. 내가 알고 있는 지인도 비트코인에 무리하게 투자했다가 2019년 2월 중순에 4인 가족이 동반자살을 했다. 마흔다섯 살 가장과 여섯 살 아들은 사망했고, 배우자와 초등학생 딸만 산소 호흡기에 의지한 채 살아남았다. 가슴 아픈 일이다.

많은 사람들이 돈을 벌기 위한 목적으로 주식이나 펀드, 비트코인에 투자하고 싶어 한다. 95퍼센트의 투자자가 손해를 보고 단 5퍼센트만이 돈을 버는 확률에 전 재산을 투자하며 장밋빛 미래를 꿈꾼다. 자신의 미래뿐만 아니라 가족들의 삶을 담보로 위험한 투자에 희망을 건다.

정 투자를 하고 싶다면, 급여의 10퍼센트 정도만 투자해보길 바란다. 과거 Y가 했던 실수처럼 '묻지 마식 몰빵 투자'는 절대 하지 말아야 한다. 공부한 셈 칠 수 있는 금액이 아니라면 신중해야 하고 친구 따라 강남 가는 일은 없어야 한다.

주식이든 비트코인이든 장기투자를 목표로 투자하라고 말하고 싶다. 20세기를 대표하는 투자의 귀재 워런 버핏도 "10년 이상 보유하지 않을 생각이라면 단 10분도 들고 있지 마라"고 했다. 최고의 명언이다. 지금도 난 이 말을 늘 머릿속에 기억하며 주식에 투자한다. 현존하는 최고의 주식 투자 고수도 장기투자의 중요성을 강조한다. 주식을 살 때는 기업을 매수한다는 생각으로 신중하게 내재가치를 판단하고 이후는 믿고 기다리는 것이 최고의 투자법이다.

신한BNP파리바자산운용 최고투자책임자(CIO) 서준식 부

사장은 실적이 꾸준하고 외부 변수에 충격을 덜 받을 수 있는 채권형 주식에 투자하라고 추천한다. 채권형 주식은 말 그대로 채권과 같이 미래가치^{이자}를 가늠할 수 있는 주식을 말한다. '농심'이 채권형 주식의 대표 종목이다. 또한 '기대수익률 계산을 못하면 주식하지 마라'고 말한다. 〈기대수익률을 산정하는 방식으로 '1/PER를 활용한다. 현재 PER로 1년을 나누면 1년간의 기대수익률을 구할 수 있다. 그는 자신만의 기준을 세우고 투자에 임하고, 단기에 수익을 내기보다는 긴 시간 투자해야 한다고 강조했다. 그 역시, 워런 버핏처럼 장기투자와 가치투자의 중요성을 강조했다.

● 알면 도움이 되는 금융상품

3초 시대란 말이 있다. 초저금리, 초고령화, 초고세금을 말한다. 이런 3초 시대에는 0.5퍼센트라도 이자를 더 준다면 사람들이 몰려간다. 하지만 요즘 같은 불경기에 금리 높은 상품 찾기가 쉽지 않다. 불황의 시대에는 다른 것보다 상품의 기능을 우선으로 체크해봐야 한다.

보험상품 중에는 고객이 돈을 내지 않아도 할인받는 기능이 들어간 상품과 특약이 있다. 효도할인, 다자녀 할인, 건강체 할인, 단체 할인 등등. 가입 시 반드시 확인해보자. 회사별로 서류도 다르고 고객이 직접 신청해야만 할인 해택을 받는 경우도 많다.

효도 할인과 다자녀 할인은 가입 당시에 서류를 제출해야 하지만, 건강체 할인은 소급적용이 되기도 한다. 보험회사에서 지정해주는 병원에 가서 비흡연 확인을 받고 키, 몸무게, 혈압 등 기본 진단을 받으면 할인받을 수 있다. 단체 할인도 이미 가입되어 있는 상품들도 남은 기간이 할인이 되기 때문에 놓치지 말고, 가입 된 회사에 문의해보자. 회사마다 상품별로 조금씩 다르지만, 최소 1.5~4퍼센트까지 할인받을 수 있다. 시중금리가 1퍼센트도 되지 않는 시대에 1퍼센트 이상 할인은 꽤 큰 혜택이다. 10~20년 납입 기간 내내 할인이 되기 때문에 놓치지 말아야 한다.

자동차 보험은 무조건 다이렉트가 저렴하다고 인터넷으로 가입하시는 분들이 많다. 또는 귀찮다는 이유로 작년에 가입했던 회사에서 그대로 갱신하기도 한다. 그러나 자동차 보험은 매년 비교견적을 받아보고 가입하는 것이 현명하다. 자동차 보험은 적립이 되지 않는 1년 갱신형 상품으로 해지환급금이 전혀 없다. 가끔은 1년 동안 한 번도 사고가 나지 않았는데 비싼 자동차 보험료를 내고 있다는 생각도 한다. 같은 담보 조건인데도 보험사별로 저렴한 곳과 비싼 곳의 보험료 차이가 10~30만 원씩 난다. 30만 원이 적은 돈이라고 생각하면 어쩔 수 없다. 하지만 적립되는 돈이 전혀 없고, 보장의 크기도 같다면 저렴한 보험회사에 가입하는 것이 현명한 선택이다.

보험 가입 후 1년 뒤에 주행한 거리에 따라 보험료를 할인해주는 서비스와 블랙박스 할인 등을 체크해보자. 10만 원이 넘는 돈을 환급받는 사람들도 꽤 있다. 보험회사별로 차이가 있으니 자동차 보험 비교견적 사이트를 이용하거나 비교견적 서비스를 해주는 설계사를 통해 자동차 보험에 가입하면 할인을 적용받을 수 있다.

마지막으로, 연말정산을 해야 하는 직장인이라면 필수로 가입하는 절세상품은 반드시 가입해야 한다. 연금저축과 연금저축펀드에 가입을 하면 연말정산 때 일정금액을 세액공제해주는 기특한 상품이다. 싱글족은 배우자나 자녀가 없기 때문에 인적공제 부분이 기혼자들보다 적기 때문에 미리 가입하는 것이 현명하다. 비과세 상품이 아니므로 연금을 받게 될 때 연금 수령액과 기간에 따라서 3~5퍼센트 정도의 연금소득세를 내야 한다. 만약 7년 이내에 해지하게 되면 기타 소득세 22퍼센트와 2.2퍼센트가 추가로 부과된다. 은행, 보험회사, 증권사에서 판매되는 세액공제 상품으로 자신에게 맞는 절세상품으로 가입하면 된다. 절세상품만 잘 이용한다면 13월의 보너스인 세금을 환급받을 수 있을 것이다.

● 또 하나의 월급통장

　Y는 매달 월급의 50퍼센트 이상을 잡지와 인테리어 책을 구입하는 데 사용했다. 보너스를 받으면 해외 원서 구입하는 데 전부 써버렸다. 50퍼센트 미만으로 줄여보자고 제안했지만 Y는 직업이 인테리어 디자이너라서 그렇다는 말만 할 뿐이었다. 그렇게 책이 필요하고 좋으면 인테리어 잡지에 글을 기고해보라고 추천했다. Y는 과거 함께 일했던 프로 디자이너를 통해 잡지에 글을 쓸 수 있었다. 요즘 Y는 디자이너로 일하면서

글쓰기도 병행하고 있다. 잡지사에서는 원고료도 주면서 잡지 책을 무료로 제공했다. 돈에 대해 무지하고 관심이 없던 Y가 미래를 위해 월급통장을 늘리는 준비를 하고 있었다. 놀라운 변화였다.

인테리어 디자이너 일만 해도 바쁜 Y에게 언제 글을 쓰냐고 물었다. 과거에는 술 약속 밥 약속을 거절하지 못해 사람 만나느라 바빴다고 했다. 그런데 회사를 잃고 보니 정작 자신이 어려울 때 도움을 받을 수 있는 사람이 별로 없다는 생각을 하게 되었다는 것이다. Y는 그때부터 시간과 돈을 쓰는 방식을 바꾸기로 결심했다.

요즘 Y는 퇴근하고 난 뒤 주로 글을 쓰고 잡지사에 메일을 보낸다. 메일 체크는 점심시간에 헬스장에서 한다. Y는 동료들에게 양해를 구하고 점심시간에 헬스장에서 운동을 한다. 운동을 마친 후 사무실 근처의 커피숍에서 샐러드나 샌드위치로 간단하게 점심을 먹는다. 자신의 미래를 책임져줄 월급통장을 늘리기 위해 Y는 금요일과 토요일 외에는 술도 마시지 않는다. 특별한 일이 없는 주말에는 글을 쓰고, 자료를 찾는 데 시간을 보낸다며 밝게 웃었다.

Y는 갑작스런 퇴직이나 이직, 질병, 경제 변화 등으로 인한 소득 공백기를 보완할 수 있는 월급통장이 필요하다고 말했다. Y 역시 위기를 겪으면서 절실히 느낀 부분이었다. Y는 부모 찬스를 쓸 수 있어서 무작정 독립을 하고도 위기를 해결할 수 있었지만, 부모 찬스를 쓸 수 있다면 더군다나 받은 자산으로 더 많은 자산을 키워야 한다고 말했다. 자신처럼 돈에 무지해서 자산을 탕진하지 말라고 강조했다. 부모에게 물려받을 자산이 없다면, 하루라도 빨리 월급통장을 늘리기 위해 만나는 사람과 시간, 돈을 쓰는 방식을 바꿔보라고 권했다. Y는 소득 공백기를 대체할 수 있는 가장 좋은 방법은 지금 하는 일을 지속하면서 월급통장을 늘리는 것이라고 말했다.

● 미니멀 라이프로 정서적 안정을 찾아라

2년 전, Y는 제대로 준비된 상태로 드디어 다시 독립을 했다. 회사 콘셉트는 미니멀 라이프를 추구하는 1인 기업으로 잡았다. 처음보다 힘을 빼고 미니멀로 필요한 부분만 남겼다. 과거 혼자 생활하는 사무실엔 불필요한 가구와 장식품이 가득했지만 제2의 독립생활은 단조롭고 간편하게 꾸려나가고 있는 Y가 이제야 제대로 된 사업을 하는 대표님 같아 보였다.

Y는 어릴 때부터 인테리어 디자인에 관심이 많았고, 국내 도서는 물론 해외 원서를 구입해 읽을 정도로 인테리어에 푹 빠져 살았다. 디자인 전문잡지도 얼마나 많이 정기 구독해서 읽었는지 집에 쌓여 있는 잡지로 책장을 만들 정도였다. 인테리어 디자인 관련 블로그에 올라와 있는 사진을 유심히 챙겨보고, 좋아하는 브랜드의 소품을 사지 못하면 스트레스였다. 가끔은 월급의 전부를 인테리어 소품 구매에 쓰기도 했다. 무분별한 소품으로 사무실과 집은 발 디딜 틈이 없었다. 계획성 없는 지출이 이어지고 있었다.

회사가 어려워지자 돈이 되는 소품부터 헐값에 팔아야 했다. 하지만 물건이 눈앞에서 아예 사라지니 남을 의식하던 불필요한 감정도 줄어들기 시작했다. 과거에는 '인테리어 디자인 사업을 하는데, 사무실에 디자이너 작품 하나쯤은 있어야지.'라는 생각을 했었다고 한다. 필요하지도 않는 물품을 찾기 위해 시간을 쓰고, 사람을 만나기 위해 해외까지 갔었다. 어려움을 겪고 난 후, Y는 소품 하나도 신중하게 구매하게 되었다고 한다. 이제는 공간에 물건을 채운다는 느낌보다 대체한다는 생각을 하면서, 물건에 대한 집착도 줄어들었다고 한다.

8장

친구 따라
병원에
갔을 뿐인데

"너에게는 꿈을 이루기 위한

시간이 아직 충분히 있어."

-영화 〈피터팬〉 중에서

"친구 따라 병원에 갔었어요."

30대의 B는 10년차 디자이너다. 돌아가신 어머니, 명예퇴직을 한 아버지를 대신해 남동생까지 세 식구 생활비와 학비를 책임지고 있었다. 가장으로 사느라 결혼은 꿈도 꾸지 못했다. 가끔 친한 친구한테 전화로 수다를 떨며 스트레스 푸는 게 다였다. 통화가 가장 저렴한 스트레스 해소법이었다. 오랜만에 친구와 통화를 하다가 친구가 종합검진을 받는단 소식을 들었다. 그동안 많은 일을 겪으면서 B의 건강에도 이상이 생겼지만 한동안 가족을 돌보느라 정작 병원 한 번 찾질 못했다. 이참에 친구와 병원에 간 B는, 그러나 그곳에서 자궁근종 진단을 받고 말았다. 입원을 했지만 자신을 돌봐줄 사람은 없었다. 가족들은 생계를 위해 더 열심히 일해야 했다. 혼자서 병원을 예약하고 수술한 이야기를 하다가 한참 동안 말을 잇지 못했다. B는 병원에 누워서도 병원비 걱정을 해야 했다. 결국 병원비가 부족해 남동생 학비로 모아 놓은 적금을 깨서 병원비를 해결했다. 그런데 가까스로 건강을 회복하고 회사에 돌아가 보니 원하던 디자인 프로젝트에서 제외되었다고 했다. 상담을 받으면서도 일에 관련된 연락이 올까 봐 손에서 핸드폰을 놓지 못했다.

B가 병원에 가기 전에 소득이 끊길 경우를 대비했다면 어땠을까? 가족의 생활을 책임져야만 했던 B가 안타까웠다. 꿈을 꾸고 인생을 계획하는 건 B에게 사치였다. B에게 가장 중요한 건 소득이 절대로 끊기면 안 된단 사실이었다. B에게 실직이나 병이 걸렸을 경우에 대한 대비는 없었다. 친구 따라 병원에 가기 전에 예상치 못한 위기에 대한 최소한의 대비책은 마련했어야 했다. 피한다고, 생각하지 않는다고 해결될 문제가 아니다.

'서른 살이 되기 전에 재무 설계를 받았다면 어땠을까?'

'앞으로 어떻게 살아야 될지에 대한 고민을 좀 더 일찍 했더라면 어땠을까?'

'친구 따라 병원에 가기 전에 자신의 몸을 좀 더 돌봤더라면 어땠을까?'

'보험상품 가입이 거절되기 전에 실손 의료비 상품에라도 가입을 했더라면 어땠을까?'

B가 지금처럼 가족의 생계를 혼자 책임져야 한다면, 현재 소득인 350만 원은 앞으로도 계속 필요한 돈이다. 소득의 60퍼센트는 3인 가족 생활비로 지출하게 될 것이다. B가 홀로 생활하게 될 노후에도 현재 생활비의 70퍼센트 정도는 필요하다. 하지만 물가 상승률을 생각해 보면 미래에는 더 많은 돈이 필요하다. (350만 원 X 60퍼센트) 12개월 X 50년 = 12억 원이 필요하다. 2~4퍼센트 이상씩 상승하는 물가 상승률과 노후 85세까지 살아갈 최소 금액이다. 100세 시대를 살아가야 한다면 이보다 더 많은 돈이 필요하다.

B의 소득이 중단되었더라도 '자신을 위한 비상자금'이 있었거나 '보험상품'에 가입을 했더라면 입원하는 동안이라도 마음 편하게 쉬었을 것이다. 실손 의료비 보험은 실제 치료비의 80~90퍼센트까지 보장해주는 상품이다. B는 가족의 생계를 책임지는 가장이다. 가장이라면 더욱더 자신이 일을 하지 못

하게 되었을 때를 대비해야 한다. B가 2만 원도 안 되는 실손 보험에 가입했더라면 동생의 학비는 지킬 수 있었을 것이다.

● 돈을 모으지 못하는 이유

B는 인생에서 가장 빛나는 시절인 20대를 우울하게 보냈다. 열심히 살았지만 돈 한 푼 모으지 못했다. 스물아홉 살의 추운 겨울을 혼자 보내면서 30대에는 다른 삶을 살고 싶었다. 적어도 여행만큼은 가고 싶을 때 언제든 떠날 수 있는 삶을 꿈꿨다. 대출 걱정, 이자 걱정 없는 집에서 마음 편히 살고 싶었다. 돈을 모으지 못하는 삶에서 돈이 모이는 삶으로 달라지고 싶었다.

나는 돈 쓰는 게 아까워 스트레스도 통화로만 푸는 B가 돈을 모으지 못한 이유가 궁금했다. '가계부도 꼼꼼히 적던데 B는 돈이 어디서 새고 있는 걸까?'

나는 6개월 동안 쓴 카드 명세서와 가계부를 당장 점검했다.

B는 인생의 돌파구를 공부에서 찾고 있었다. 주변에 돈 잘 쓰고, 잘 모은 친구들의 공통점이 10대 때 공부를 잘했기 때

문이라 판단하고, 자기도 '공부'를 하면 그들처럼 돈을 잘 모을 것 같았단다. 그래서 영어는 학원에 연간 회원으로 등록하고 필라테스와 스피치 교육도 시작했다. 그런데 제대로 하는 것은 하나도 없었다. 영어 연간 회원권은 1년을 유해시켰고 필라테스는 다른 회원에게 양도한 상태였다. 스피치 교육은 말을 자주 시킨다는 이유로 열두 번 수업 중 다섯 번도 채 나가지 않았다. 목적 없는 자기계발은 인생의 돌파구가 되지 못한다는 걸 그녀는 깨닫지 못하고 있었다.

B가 돈을 모으지 못하는 이유 중 하나는 이렇게 줄줄 새고 있는 무분별한 자기계발 교육비였다. 나는 공부를 할 거면 차라리 '돈'에 대해 해보라고 조언했다. 과거의 나 역시 돈이 궁해지니 자존감도 떨어지고 성격도 소극적으로 변했었다. 내 삶을 바꾸고 싶어 돈 공부를 시작했다. 이왕 하는 거 제대로 해보자고 직업까지 바꿨다. 10년 동안 치열하게 일하고 배웠더니 월급통장이 늘어났다. 무엇보다 할 수 있다는 자신감이 따라붙었다. 그래서 B에게도 돈에 대해 배워보라고 조언했다.

B는 세 식구의 살림을 책임지면서도 돈에 대한 지식이 부족했다. 나는 B에게 책《보도 섀퍼의 돈》과 초등학생용으로도 출

간된《열두 살에 부자가 된 키라》,《열세 살에 부자가 된 키라》를 선물해 주었다. 그동안 돈 버는 데만 관심이 있었던 B에게 제대로 된 돈 관리법을 알려줄 책들이었다. B는 책을 선물하는 나에게 '다 못 읽으면 돈 아까워서 어쩌죠?'라며 걱정을 했다. 책《N잡하는 허대리의 월급 독립 스쿨》에 이런 말이 나온다. "본전을 뽑으려고 우리가 책을 읽는 게 아닙니다. 삶을 변화시키려는 거죠. 샀는데 안 읽고 책장에 꽂아둔 책을 보면서 미안해하지 말고, 책을 읽었음에도 그걸 내 인생에 적용하지 않았다는 사실에 미안해합시다." 책을 보며 돈에 대해 치열하게 공부하고 B의 삶이 돈이 모이는 삶으로 변하길 바랐다.

　B와 나는 어릴 적부터 "공부 열심히 해서 월급 많이 받는 일을 해라!", "무조건 돈 많이 버는 직업을 선택해라!", "여자도 일을 해야만 한다."라는 말은 많이 들었지만 어떻게 하면 돈을 많이 버는지, 어떻게 하면 돈을 잘 관리하는지는 배워보지 못했다. 학교에서조차 그런 걸 알려주진 않았다. 병원에 가기 전에 B에게 돈에 대해 조언해줄 사람이 있었더라면 하는 아쉬움이 컸다. 만약 그랬다면, 최소한의 안전장치인 비상자금을 저축한 통장을 마련해두고 치료비를 보장해줄 보험으로 병원비

와 생활비를 활용해 동생의 학비도 지켜냈을 것이다.

● 돈이 들어오는 길

이지성 작가의 책《에이트 : 씽크》에서는 우리나라 10대가 입시 지옥으로 내몰리고, 20대가 비정규직을 전전하고, 30대가 출산을 기피하고, 40대가 돌연사하고, 50대가 퇴직금을 날리고, 60대 이상의 노인 자살률이 OECD 최고를 기록하는 것이 모두 돈 때문이라고 했다. 이러한 삶을 살지 않으려면 진정으로 인간을 위하고 세상을 구하는 자기계발과 인문학이 선행되어야 한다고 했다. B도 자기계발을 잘해서 돈이 들어오는 길을 만들기를 바랐다. 적어도 아플 땐 돈 걱정하지 않고 편히 쉬었으면 싶었다.

돈이 들어오는 길을 만들고자 할 때 자기계발을 하면서도 반드시 잊지 말아야 하는 것은 절약이다. 절약을 해도 자금이 부족하다면 주말에 아르바이트를 해서라도 만들어야 한다. 퇴근 후에는 할인점 행사 아르바이트를 하고 주말이면 뷔페에서 일을 하며 자기계발 비용을 창출하는 지인이 있다. 퇴근

하고도 일하고 주말에도 일한다고 우울해 하지 않는다. 오히려 단기 아르바이트를 통해 소득이 늘며 '돈이 들어오는 길'을 하나 더 만들 수 있다며 즐거워했다. 뷔페에서 일한 덕분에 파티 음식 만드는 법도 배울 수 있었고, 새로운 사람들을 만나며 얻는 활력과 에너지는 덤이라고 생각했다.

동사무소나 관공서에는 무료 강좌가 많다. 각종 커뮤니티와 대형 서점에도 잘 찾아보면 전문가들의 무료 강좌를 들을 기회가 가끔 있다. 유튜브에도 좋은 강의들이 넘쳐난다. 카카오스토리에서 김미경 강사의 자기계발 강의를 무료로 들은 적도 있다.

이제는 모임도 자기계발을 위한 시간으로 채워보자. 만나서 밥 먹고, 술 마시며 시간을 보내지 않고, 3개월에 한 번쯤은 무료 강의를 듣거나 적은 돈으로 원데이클래스를 들어보자. 인맥도 늘리고 실력도 쌓을 수 있는 좋은 기회다.

시간이 지나 다양한 경험과 노력이 쌓이면 돈이 들어오는 길을 만들 수 있게 된다. 나 역시 부모님께 물려받은 재산도 없고 머리도 좋지 못하다. 남들처럼 20대에 사회생활을 시작하지도 못했고, 서른 살이 넘어서야 제대로 된 회사에서 일을 시작했다. 하지만 포기하지 않을 자신이 있었다. 어제보다 나은 오늘이 되길 바라면서, 꾸준히 자기계발을 하고 경험을 쌓으려고 노력했다. 아침 9시부터 오후 4시까지 서서 강의를 하고, 두 시간씩 운전을 하고 서울로 가서 '글쓰기' 수업을 들으며 첫 책이 출간될 날만 기다렸다. 2015년 《돈 없이도 하는 재테크》 책을 출간하면서 돈이 들어오는 길을 다섯 개까지 늘릴 수 있었다. 책을 출간하자 자연스레 강사료도 올라갔다. 책이 없던 시절보다 강의 의뢰도 많아졌다. B도 포기하지 않고 노력한다면 할 수 있는 길이었다.

책을 출간하자 많은 사람들이 일도 하면서 도대체 글은 언제 쓰냐고 물어본다. 평일에는 회사를 다녀야 했기 때문에 새벽 4시에 일어나서 6시까지 매일 아침 두 시간을 1년 동안 썼다. 책을 쓰는 과정이 힘들어서 포기하고 싶었지만, 나의 가치를 높이기 위한 일이란 생각으로 버텼다. 휴가 기간 내내 도서관으로 출근해서 책을 읽고 쓰기를 반복했다. 크리스마스 분위기로 모두가 들떠 있을 때, 나는 편집자님과 카카오톡으로 원고 수정을 하면서 하루 종일 책상에 앉아 있어야 했다. 서른다섯 살의 나는 하루에 3~5시간만 자고, 책을 집필하고 강의 연습을 했다. 책이 출간되고 좋지 않은 리뷰로 우울한 시간을 보내기도 했지만 글 쓰는 것을 포기하지 않았다. 2018년, 2019년 공저인《일본에서 일하면서 산다는 것》,《일본에서 한 달을 산다는 것》이 출간되었다. 나는 앞으로도 꾸준히 책을 출간하며 돈이 들어오는 길을 늘려나갈 생각이다.

가끔 B처럼 돈에 대해 관심만 가지면 진짜로 소득이 늘어나는지 묻는 사람들이 있다. 그럴 때마다 나는 10년 뒤 원하는 삶을 살고 싶다면 지금부터 당신의 가치를 높일 수 있는 방법, 소득을 늘리는 방법을 공부하라고 조언한다. 그러면 당신의 소득은 자연스럽게 올라가고 돈이 들어오는 길인 월급통장 또한 늘어나 있을 것이라고 말이다.

● 건강이 돈이다
●
●
돌아가신 어머니의 병명은 자궁경부암이었다. 암이라는 가족력에도 불구하고 B는 자신의 몸을 챙기지 않은 것이다. 아침을 먹지 못하고 출근하는 날이 대부분이었고 가뜩이나 오전에 회의나 미팅이 있으면 체력적으로 힘들었다. B는 바쁘다는 핑계로 편의점 삼각김밥을 자주 먹었고 점심, 저녁도 주로 외식을 했다. 집에서 밥을 차려먹는 날이 일주일에 하루가 안 될 때도 많았다. B는 수술을 하면서 가정 경제에 큰 타격을 입었다. 그리고 비로소 자신의 건강을 돌보지 않은 지난날을 후회했다.

수많은 질병 중에서도 암은 여전히 죽음의 병으로 인식된다. 자궁경부암은 발병률은 높지만 또 백신으로 98퍼센트 예방이 가능해서 백신을 안 맞을 이유가 없다. 〈청춘기록〉이라는 드라마에서 남자 주인공인 박보검과 친구들이 함께 맞았던 백신이 바로 자궁경부암 백신이다. 요즘은 사랑하는 사람의 건강과 자신의 생식기 암 예방을 위해 남자들도 자궁경부암 백신을 맞는다. 나 역시 첫 아이 출산 때 병원에서 권유해 5년 전에 3차까지 접종을 끝냈다. 건강은 남이 챙겨주지 않는다. 스스로 챙겨야 하는, 선택 사항이 아닌 필수 사항이다.

미국은 초등학교 졸업선물로 자궁경부암 백신을 맞게 하는 문화가 있다. 우리나라도 보건복지부에서 어릴 때 백신을 맞도록 권장하고 있으며 만 12세 여자아이는 무료로 접종할 수 있다. 특히 13세 이하에 예방접종을 하게 되면, 2회만으로 자궁경부암 예방이 가능하다. B가 어렸을 때는 자궁경부암 예방

접종을 무료로 할 수 없었다. 지금도 늦은 건 아니다. 특히 어머니가 자궁경부암으로 돌아가셨다면, B도 암으로부터 자유로울 수 없다. 그동안은 가족부터 돌봤지만, 앞으로는 자신의 몸부터 돌봐야겠다는 것을 B는 아프고 난 뒤 깨달았다고 했다. B가 아프고 생긴 경제적 손실이 너무 컸다. B는 '건강'이 '돈'이라고 했다.

노년기에 접어든 B의 아버지도 건강을 잘 챙겨야 할 것 같았다. 특히 독감은 10~11월에 접종을 했는지 챙기고, 가능하면 가족이 함께 동행해서 접종하길 권유했다. 매년 접종을 거부하거나 접종 시기를 늦추는 어르신이 의외로 많다. 노년기에는 면역력 저하로 감염병이 발병하거나, 지병의 합병증 발생 위험률이 높아진다. 건강할 때, 대상포진과 폐렴구균 백신도 챙겼으면 했다.

세 식구가 건강해야만 가정 경제를 지킬 수 있다. 아버지나 경제력이 없는 남동생이 아프면 B가 감당해야 하니 B는 다가오는 크리스마스 선물로 아버지께 대상포진 예방접종을 시켜드려야겠다고 했다.

● 행복한 인생을 즐기기 위한 조건

자신의 행복은 스스로 결정해야 한다. B가 단 한 번뿐인 인생을 행복하게 살려면 어떤 조건들이 필요할까?

첫 번째, 빛나는 인생을 살려면 하루라도 빨리 '돈이 모이는 삶'을 만들어야 한다. 최소한 한 달은 먹고 살아야 할 만큼의 비상자금부터 확보해야 한다. 혹시라도 소득이 끊길 경우를 대비해 저축을 하거나 보험에 가입해 어떤 경우에도 돈이 나를 떠나지 못하게 해야만 단 한 번뿐인 내 인생을 행복하게 살아갈 수 있다.

두 번째, 나의 가치를 올리기 위해 젊었을 때부터 준비해야 한다. 소득이 안정적일 때 자신을 위한 투자를 게을리해서는 안 된다. 어설픈 인맥 쌓기에 시간과 돈을 투자해서 젊은 날을 허비하지 말아야 한다. 저축만으로는 혼자서 생활비, 비상여유자금, 노후 은퇴자금 등을 준비할 수 없다. 2021년 은행금리는 1퍼센트도 되지 않는다. 거기에 이자소득세 15.4퍼센트를 세금으로 지출해야만 한다. 앞으로 세금은 더 올라가게 될 것이다. 물가 상승률 또한 매년 2~4퍼센트 이상씩 빠른 속도로 오르고 있다. 하지만 월급은 어떤가? 결국 젊었을 때부터 하루에 단 5분이라도 나의 가치를 높이는 노력을 해야만 한다.

세 번째, 비워야 한다. 주변을 비우며 정서적 안정뿐만 아니라 소비적 안정과 공간적 안정을 찾아야 한다.

마지막으로 B는 스트레스를 풀 취미 생활이 없다고 했다. 하고 싶어도 돈과 시간이 들어가서 포기했다는 말에 마음이 아팠다. B가 살고 있는 곳에다 '자투리 텃밭'을 무료 분양 받아 채소를 키워보라고 했다. 식물이 커가는 데서 재미도 느끼고, 생활비도 절약할 수 있을 것 같았다. 무엇보다 직접 키운 채소를 먹으며 가족의 건강을 챙길 수 있을 것 같았다. 이제는 아침으로 자신이 기른 샐러드와 주먹밥, 샌드위치를 먹고 케일 주스를 즐겨 마시고 있었다. 주말이면 아버지, 동생과 함께 텃밭에서 나온 채소로 고기도 구워 먹고, 남는 채소는 독거노인들을 위한 '무료급식 식당'에 기부를 하며 지내고 있었다. 기부를 하면서 자신보다 어려운 사람들을 도울 수 있다는 기쁨도 알게 되었다며 밝게 웃었다. B는 배추와 무를 키워 김장 기부도 해보고 싶다고 했다. 기뻐하는 B의 모습에서 진정한 행복을 느낄 수 있었다.

9장

3억을 벌고도
눈물이 난다

"오늘 하루도 견디느라 수고했어.

내일도 버티고, 모레도 견디고,

계속, 계속 살아남으라고."

−드라마 〈미생〉 중에서

"스무 살 때부터 의류 쪽 사업을 시작했어요. 어린 나이에 시작하다 보니 매출에만 신경을 썼죠. 세금에 대해서는 잘 몰랐어요."

W에게는 안타까운 사연이 있었다.

20년 전, 니트 공장을 운영하던 아버지의 공장은 화재로 잿더미가 되었다. 악재는 겹쳐서 온다더니 누적된 대출금과 이자로 사업은 결국 부도가 났다. 아버지는 지방으로 내려간 후 연락이 끊겼고, 어머니는 식당에서 일을 시작했다. W는 아버지를 대신해 전단지 아르바이트를 하고 찹쌀떡을 팔며 돈을 벌었다. 가족 모두가 열심히 생활했지만, 빙판길에서 어머니가 넘어지면서 식당일을 할 수 없게 되자 결국 W는 쌍둥이 동생들을 먹여 살리기 위해 고등학교를 자퇴했다. 학업을 아예 포기할 수 없었던 W는 검정고시를 준비하는 한편 동대문에서 일을 시작했다. 아버지를 대신해 가족의 생계를 책임지게 된 것이다.

열심히 일하는 W를 좋게 본 거래처 사장님의 도움으로 남성복 사업을 시작할 수 있었다. 동생들도 주말마다 동대문에 나와 일을 도왔다. 삼형제는 8년 동안 일해 아버지의 빚 3억을 갚았다. 3년 전에는 아버지와 함께 살 수 있는 집을 마련해 온 가족이 함께 살게 되었다. 그러나 행복도 잠시였다. 힘들게 버티던 아버지가 뇌졸중으로 쓰러졌고, W는 결혼을 약속했던 여자와도 헤어졌다. 빚을 다 갚을 때까지 기다리겠다던 그녀와는 차라리 헤어진 게 다행이었다. W는 그녀에게 새로운 빚, '세금 폭탄 3억'이 생겼다는 말은 차마 할 수 없었다.

"세무적인 문제는 신경을 쓰지 못했어요. 지인이 세무학과 출신이라 개인적으로 부탁한 게 문제였어요. 국세청에서 매출이 누락됐다는 연락을 받고 알게 되었어요. 체납으로 벌금이 부과 됐는데 3억 정도를 세금으로 납부해야만 해요. 말 그대로 세금 폭탄을 맞게 된 거죠."

기간 내 신고하면 매출액의 18~40퍼센트 정도가 세금으로 부과되지만 체납 발각으로 인해 기간 후 세금을 내게 되면 매출액의 상당 부분이 세금으로 부과된다. 매출 누락액 3억을 고

스란히 토해내야 하는 상황이었다.

"빚도 세금도 3억이네요. 아버지 빚은 제가 장남이니까, 당연히 해결해야 한다고 생각했어요. 아버지 빚이 해결되고, 이제는 돈을 모을 수 있겠구나 했죠. 그런데 몰라서 세금 3억을 또 갚아야 한다고 생각하니, 너무 힘들어요. 더 이상은 제 삶을 감당하지 못할 것 같아요. 사업이고 뭐고 다 포기하고 싶어요."

그는 자기 인생을 살고 싶다고 했다. 열심히 살아도 미래가 보이지 않는다며 답답해했다.

● 세금 전략

'인생에서 절대 피할 수 없는 두 가지는 죽음과 세금'이라고 벤자민 프랭클린이 말했다. 저금리, 저성장, 고세금 시대의 기조가 장기화되면서 세금을 적게 내는 '절세 정보'가 최고 관심사다. 부자들은 돈을 불리려고 고민하지 않는다. 자산을 어떻게 하면 지킬 수 있을지를 고민한다. 최근에는 고액의 자산가뿐만 아니라 직업이 있는 사람이라면 누구나 '절세 정보'에 관심을 가져야 한다. 앞으로는 인구 감소 등으로 지금보다 더 많은 세금을 납입해야 한다. 증여세나 상속세가 당신이 상상하는 것 이상으로 높아질 것이다. 제대로 준비하지 못한다면 물려받을 재산의 대부분을 세금으로 납부하게 될 것이다.

W가 열심히 일한 만큼 돈이 쌓였다면 얼마나 좋았을까? 돈이 쌓이지 못하는 이유는 여러 가지지만 W처럼 세금 폭탄을 맞는 경우에 대비해 사업 전부터 세금에 대한 전략이 필요하다. 코로나와 어려운 경기 탓에 취업을 못하는 젊은이들이 적은 자금으로도 창업이 가능한 인터넷 쇼핑몰로 몰리고 있다. 인터넷 쇼핑몰 사업자도 종합소득세와 부가가치세 신고를 해야 한다. 사업을 시작하기 전에 국세청 홈페이지에 나온 부가가치세 신고와 종합소득 신고, 원천징수와 간편 장부 사용방법 등을 꼼꼼히 읽어보길 추천한다. 세금 관련해서 궁금한 점이 있다면, 국세상담센터^{국번없이} 126번를 통해 무료상담도 받아볼 수 있다.

W가 지인에게만 세금 문제를 맡겨 놓은 건 잘못이다. 아무리 바빠도 대표인 자기가 직접 세금에 대해 준비를 했더라면 3억이라는 세금 폭탄은 맞지 않았을 것이다. 사업을 하는 사람이라면 적어도 세금을 언제 신고해야 하는지, 세금 일정과 각

종 공제는 무엇인지를 챙겨야 할 의무가 있다. 법 앞에서는 몰라서 그랬다는 핑계가 절대 통하지 않는다. 납세자 스스로 신고할 의무가 있기 때문이다. 법을 이행하지 못했다면 당연히 패널티를 물어야 한다.

직장인이라면 연말정산용 상품에 가입하는 것을 추천한다. 늘 한 해를 마무리하는 연말을 한두 달 남겨놓고 급하게 세금 공제용 상품에 가입하는 직장인들이 많다. 한두 달 납입한 금액으로는 환급되는 돈이 얼마 되지 않는다. 연말정산은 연말에 준비하는 것이 아니라 연초부터 꼼꼼하게 준비해야 하는 것이다. 연말이 되면 뉴스나 경제지에서 연말 정산에 대한 대책과 추가납입에 대해 알려준다. 이럴 때 잊지 말고, 여유가 있다면 추가분을 가입하고 있는 연말정산용 상품인 개인연금저축과 퇴직연금에 납입하여 공제를 받을 수 있게 준비하자. 연말정산을 받을 때 동료나, 배우자 또는 본인이 세금 폭탄을 맞아 세금을 토해내는 것을 보고 다음 해를 열정적으로 준비는 이들이 많다. 이런 일은 매해 반복된다.

연말정산용 상품으로는 연금저축펀드와 연금저축 상품이 있다. 자신의 성향에 맞는 상품을 은행, 증권사, 보험사에서 알아보고 가입하자. 비과세 상품이 아니므로 연령에 따라 연금 개시를 할 수 있다. 연금을 개시하고 난 후에는 연금 수령액의 3~5퍼센트를 연금 소득세로 납입해야 한다. 세액공제를 받기 위해 가입한 상품으로, 중도에 해지를 하게 되면 기타소득세 22퍼센트와 해지가산세 2.2퍼센트가 추가로 부과된다. 절세상 품은 장기간 적립을 해놓고, 연금으로 받는 계획을 세운 후 가 입하는 것이 좋다. 연말정산 환급을 받기 위해서 공제 상품에 가입했다가 중도에 해지를 하면 공제받은 세액보다 더 많은 돈을 토해낼 수 있다. 절세상품에 가입하기 전에 자금 계획부 터 세우고 상품에 가입해야만 손해를 보지 않을 것이다.

젊고 건강한 1인 가구라고 해서 흥청망청 놀고, 먹고, 쓰기만 한다면 당신은 불황의 시대에서 살아남을 수 없다. 호황의 시 대가 오더라도 혼자 가난하게 살아가야 한다. 불황의 시대에 서 살아남으려면 은행의 적금만으로는 부족하다. 매년 물가는 상승하는데 은행의 예금 금리는 갈수록 하락하고 있기 때문이 다. 현재 우리나라는 이자 소득세로 15.4퍼센트의 세금을 부과 하고 있다. 내가 낸 돈에 세금을 납입해야 하는 것이다. 하지만 선진국은 40퍼센트 이상네덜란드 60퍼센트, 독일 53퍼센트의 이자 소득세를 부담한다. 곧 우리나라도 40퍼센트 이상의 이자 소득세를 부담하게 될 것이다.

우리가 살아갈 미래에는 현금이 사라질 것이다. 사용하는 카드와 페이머니 등은 어딘가에는 꼭 자료로 남기 때문에 시간이 지날수록 불어나는 세금에 허덕이게 될 것이다. 돈은 불리되 세금 폭탄은 맞고 싶지 않다면 혜택을 받을 수 있을 때 미리미리 준비하자. 세무사에게 조언을 구하든 세무 관련 책으로 스스로 준비를 하든 반드시 준비하자.

● 돈을 귀하게 대하라

당신이 이제부터 '돈 모으기'를 다짐했다면, 그 첫 단계는 '돈을 귀하게 여기는 마음가짐'을 갖는 것부터다.

W는 어려운 가정환경에서 자랐다. 어린 나이에 돈 때문에 힘들었던 W는 돈을 외면했다. 자신의 불행이 돈으로부터 시작됐다고 생각했다. 결국 돈에 대해 부정적인 사람이 되었다. 그러나 속으로는 10원 짜리 동전 한 개에도 집착하는 사람이었다. 모든 일이 돈 때문에 일어났다고 생각했다면 돈이 없는 걸

인정하고, "비록 지금은 돈이 없지만, 언젠가는 돈으로부터 자유로워질 거야."라는 긍정적인 미래를 꿈꿔야 한다. 어려운 환경일수록 돈에 대해 겸손해야 한다는 사실을 W는 잊고 있었다.

부모님 세대는 구겨진 지폐를 바르게 펴서 같은 방향으로 차곡차곡 정돈해서 지갑에 넣고 다녔다. W가 돈을 소중하게 생각하면 돈도 W에게 다가왔을 것이다. 세상 사는 일도 똑같다. 누군가 나를 좋아하게 만들려면 상대방을 소중히 여기고 좋아해주면 된다. 책《보도 섀퍼의 돈》에는 '빚을 청산하려거든 푼돈을 소중히 여겨라!'라는 말이 있다. W에게 들려주고 싶은 말이다.

매년 새해가 시작되면 올해는 저축에 성공해보겠다며 의욕을 불태운 사람들의 연금 상품 가입 문의가 늘어난다. 재테크 서적도 주로 1월에 독자들의 관심을 받는다. 하지만 안타깝게도 저축 상품 1년 유지율은 40퍼센트도 되지 않는다. 돈을 귀하게 여기지 않는 대부분의 사람들은 '돈 모으기'에 실패한다. 저축을 하려고 사람들이 돈을 귀하게 여겼다면, 가입하기 전에 저축 계획부터 세웠을 것이다.

목돈 모으기에 실패하거나, '만기금'을 받아본 적이 없다면 새고 있는 작은 푼돈부터 확보해야한다. 작은 돈을 관리하지 못하는 사람은 목돈도 만들 수 없다. W 역시 시간이 없다는 핑계로 가까운 곳의 ATM기에서 현금 인출도 하고 이체도 하면서 송금 수수료를 내고 있었다. ATM 송금 수수료는 5백 원부터 시작해서 1천 원이 넘는 곳도 있다. 인출과 이체가 필요할 땐 카카오뱅크 사용을 추천했다. 주거래 은행으로 사용하고 있는 계좌에서 오픈뱅킹을 이용해 카카오뱅크로 돈을 이체한 다음, 타행으로 이체하거나 가까운 ATM기에서 현금을 인출하면 수수료가 무료다. 반대로 카카오뱅크 계좌로 ATM 입금을 시도해도 수수료가 면제된다. 전설적인 투자의 귀재라 불리는 워런 버핏도 "100달러를 벌기보다 1달러를 아껴라"며 작은 돈의 소중함을 강조했다. W가 빚을 청산하고 싶다면, 작은 푼돈이라도 귀하게 여기고 저축을 해야 한다.

먼저, W에게 돈에 대한 부정적인 마음을 버리고 돈 모으는 재미부터 느껴보라고 했다. 돈을 모으는 재미만 느낀다면 돈도 W를 좋아해줄 것이다. '작심삼일'도 여러 번 반복하다 보면 매일이 되어 원하는 목표자금을 달성할 수 있다. 오늘 아낀 별다방, 콩다방 커피 한 잔, 오늘 아낀 담뱃값, 오늘 아낀 술값으로 티끌이라도 소중히 모아서 '돈이 모이는 삶'을 만들어 보길 추천했다.

40대 가장들이 갑작스럽게 명예퇴직으로 일자리를 잃었던 IMF 때, 개인파산과 부도로 생활고를 이겨내지 못한 사람들은 자살을 선택했다. W가 초등학교에 입학하던 시기부터 우리 사회는 우울한 불황의 시대였다. W의 부모님 니트 사업에 위기가 찾아온 것도 그때부터였다. 그로부터 10년 뒤 2008년, 미국에 닥친 금융 위기는 세계적인 경기 침체로 이어졌다. W가 일했던 동대문 상가 주인들도 힘든 시기를 보냈다. 2021년 우리는 호황의 시대에 살고 있을까? 처음 겪어보는 무서운 질병인 코로나19 팬데믹 상황을 온몸으로 견뎌내고 있다. 1992년에 태어난 W는 단 한 번도 호황을 겪어보지 못한 안타까운 세대다.

W는 어릴 적부터 패션디자이너가 꿈이었다. 일찍부터 맞벌이를 시작한 부모님 때문에 혼자 있는 시간이 많았다. 혼자 노는 대부분의 시간에는 그림을 그렸다. 추운 겨울이 되면 엄마는 옷공장에서 일거리를 받아와 뜨개질로 생계를 꾸려나가다가 아버지랑 니트 공장을 운영하게 되었다. 어머니는 남는 실로 가족들의 스웨터나 조끼, 목도리와 모자 등을 만들어주셨다. W와 동생들도 어린 시절부터 털실을 가지고 놀았다. 아버

지의 니트 공장은 삼형제에게는 늘 최고의 놀이터였다. 한 가족의 추억이자 삶이자 모든 것인 장소에 화재가 난 것이다. 가족들은 한 순간에 거리로 내몰렸다.

W는 재도약을 위해 새벽에는 동대문에서 일하고 낮에는 검정고시 학원에서 공부했다. 야간대학교 패션디자인학과에도 합격해 옷에 대해 배웠다. 대학을 다니고 쇼핑몰도 운영하면서 4년 동안 이자가 어마어마하게 불어났을까봐 잠을 제대로 못 잤다. 마음 놓고 외식도 못하고, 여행 한 번 제대로 해본 적이 없었다. 삼형제는 가정 경제를 책임져야 했기에 군대도 나눠서 가야했다. 도대체 어디서부터 잘못된 걸까? 스물아홉 살의 W는 불황의 시기를 홀로 견뎌야만 했다. 다 포기하고 싶었다는 W에게 나는 어른으로서 힘내라는 말조차 할 수 없었다.

W의 인생에 아직 호황기는 찾아오지 않았지만 앞으로의 삶을 위해 반드시 기억해야 할 것이 있다. 살다 보면 누구나 몸은 늙고 건강은 쇠약해진다. 시간이 지나면 물가는 오르고 화폐 가치는 떨어져 지금보다 더 많은 돈이 필요하다. W가 앞으로 어떤 노력을 하느냐에 따라 불황을 이겨내고 행복한 미래를 맞을 수도 있다. 어떤 상황에서도 돈에 구애받지 않고 건강

한 노후를 보내려면 지금부터 일을 효율적으로 해야 한다.

● 적게 일하는 기술

오래 일한다고 최고의 성과가 나오지는 않는단 사실을 알게 되었다. 과거에는 일하는 시간을 늘리면 미래가 더 행복해지리라 생각했다. 그래서 늘 바쁘다는 말을 입에 달고 살았고, 나의 모든 시간과 에너지가 일에 집중되어 있었다. 지금의 희생이 미래에 행복을 가져온다는 잘못된 믿음으로 꾸역꾸역 오늘의 행복을 미루고만 살았다. 그동안은 원하는 성과를 위해서 오랜 시간 투자와 에너지를 헌신해야만 가능한 일이었다. 오늘의 행복을 누리기 위해서는 적게 일하는 기술을 배워야만 했다.

책《적게 일하고 잘사는 기술》에서는 발전을 위해 다음과 같은 질문을 던져보라고 말한다. "보다 적은 에너지를 가지고 보다 나은 결과를 가져다줄 만한 것이 무엇일까?" 그러고는 자신의 최고 20퍼센트에 집중해서 80퍼센트를 만들라고 말한다. W도 적은 것으로 많은 것을 이뤄낼 수 있는 원리를 찾아야만 행복이 보일 것 같았다. 적게 일하고 행복하게 사는 기술을 익히기 위해서는 먼저 하고 싶은 일이 무엇인지 알아야 한다. W는 디자인만 하고 싶었지만 경영, 디자인, 마케팅을 혼자 도맡아 처리하다 보니 세금 문제가 발생한 것이다. 앞으로는 경영학, 경제학을 전공한 쌍둥이 동생들이 W를 도와 브랜드 만들 준비를 하고 있었다. 곧 W는 디자인에만 집중할 수 있을 것 같았다.

그러나 W의 에너지와 시간을 빼앗는 일이 또 있었으니, 가족의 생계를 책임지느라 아직 일어나지도 않은 일에 대한 근심과 걱정에 너무 많은 에너지를 빼앗기고 있었다. W는 아버지 걱정으로 잠 못 이루는 밤이 많았고, 사업을 시작한 후로는 회사가 혹시라도 부도가 나면 빚이 대물림될까 봐 결혼을 아예 포기해버렸다. 대부분 일어나지 않은 일에 대한 걱정이었고 그런 감정에 에너지를 소모하는 일이 결국 사업에도 전혀 도움이 안 된다는 사실을 깨닫지 못하고 있었다. W가 적은 에너지를 쏟고 최상의 결과를 가져올 만한 것이 무엇인지에 고민을 집중했더라면 적어도 세금폭탄은 맞지 않았을 것이다. 사업을 한다면 세금에 대해서도 매출만큼 민감해야 하기 때문이다.

또 다른 문제는 행복을 미루는 버릇이었다. 8년 동안 일해서 빚 3억을 갚았을 때도 W는 기뻐하지 않았다. 자기 빚도 아닌 아버지 빚을 해결했으니 칭찬받아 마땅했고 충분히 행복을 누렸어야 했는데, W는 좀 더 큰 꿈을 이룰 때까지 행복을 미루는 쪽을 택했다. 요즘은 앞으로 사업을 계속 할 수 있을지 자신이 없다는 말도 한다. 세금폭탄을 맞아 불행한 시간이 이어지고 있었다. W는 과거의 불행에 묶인 채 아직 다가오지도 않은 불행한 미래에 잡혀 살고 있었다.

현재, 오늘, 지금 이 순간이 가장 소중하다. 오늘이 행복하지 못한 사람이 내일이라고 행복할 수 있을까. 하루 빨리 근심걱정에서 벗어나 디자인한 옷으로 성공하길 바라는 마음이 컸다.

W는 원하는 목표도 있고 도와줄 가족도 있다. 이제 앞으로 달려나갈 일만 남았다. W는 적게 일하는 기술을 익히기만 하면 원하는 분야에서 성공할 수 있는 힘을 이미 가지고 있다. W는 자기 빚도 아닌 아버지 빚을 성실하게 갚아나간 사람이다. 사랑하는 가족을 위해 희생했고 힘든 삶 속에서도 공부를 포기하지 않았다. W는 오늘과 내일, 행복한 미래를 살아갈 자격이 충분한 사람이다.

10장

경조사비가
없어서

"중국인은 '위기'를 두 글자로 씁니다.

첫 글자는 위험이고, 둘째는 기회의 의미입니다.

위기 속에서 경험을 경계하되 기회가 있음을 명심하십시오."

—존 F. 케네디

"챙겨야 할 경조사가 너무 많아요. 차라리 인간관계를 포기하고 살아야 할까 봐요."

1년차 사회초년생인 Z는 경조사 때문에 인간관계를 정리하고 싶다고 했다. Z는 앞으로도 결혼 생각이 없었다. 오랜 취업 기간을 거쳐 직장생활을 시작했지만 여전히 학자금 대출을 상환하고 있었다. 올해 스물일곱 살인 그녀는 친구들과 동기들의 결혼 소식, 돌잔치 소식에 금전적 부담을 느꼈다. 언제 돌려받을지도 모르고 당장 저축도 못하면서 경조사비를 내려니 돈이 아까웠다. 회사에서는 돈을 모아 단체로 선물을 하기 때문에 덜 부담스럽지만 친구와 친척들에겐 5만 원 이하로 돈을 내기가 민망했다. 알량한 자존심을 지키느라 10만 원 이상을 내야할 때도 많았다. 차라리 시골에 계신 부모님께 용돈을 드리는 편이 낫겠다 싶었다. 가족도 못 챙기는 형편에 남을 챙기는 게 맞는지 헷갈렸다.

"경조사 챙기느라 저축도 제대로 못했다고 하면, 사람들이 웃겠죠? 지난달에는 친구가 두 명이나 결혼을 했어요. 사촌오빠네 조카도 돌잔치를 했고요. 매번 같은 옷을 입고 참석할 수도 없어서 친구 결혼식 때는 옷도 샀어요. 또 직장 동료 아버님께서 돌아가셔서 장례식장에 다녀왔죠. 5월에는 주말에 한 번도 쉬지 못하고 경조사에 참석했어요."

대학시절부터 홀로 생활한 Z는 학자금 대출과 집 보증금 대출을 상환해야 했고, 취업 준비기간에 썼던 학원비며 식비, 핸드폰 요금 때문에 카드빚도 있었다. 1년 동안 직장생활을 했지만 모아놓은 돈이 없었다. 첫 월급을 받기도 전에 직속상관이 결혼을 하게 되었다. 입사한 지 한 달도 안 됐지만 회사에서 자주 마주쳐야 한다는 생각에 카드에서 현금서비스 5만 원을 받았다. Z에게는 단돈 5만 원의 여유자금도 없었다.

결혼, 돌잔치, 장례식, 환갑, 칠순, 병문안 등 우리 주변엔 챙겨야 할 경조사가 너무 많다. 이럴 때면 아무도 모르는 산 속에 들어가 살고 싶다는 사람이 한둘이 아니다. 사람들은 '언젠가

너한테도 일이 생기면 그 돈이 한 번에 돌아온다.'라고 말한다. 하지만 가슴에 와 닿지가 않는다. Z의 입사와 함께 결혼을 했던 직속상관은 임신을 하면서 곧 회사를 퇴사했다. 처음부터 친하지 않았기에 연락도 끊겼다. 직장 다니느라 바쁜 친구들도 누가 결혼하면 그때 식장에서나 만났다. 그리고 한동안 못 만나다가 자녀가 돌잔치 할 때쯤 또 연락이 왔다. 친척은 더 만나기 어려웠다. 취업 재수까지 하면서 얻은 직장과 인간관계를 다 포기하고 싶었다.

"한 달 생활하기도 빠듯해서 퇴근하고 부업이라도 시작해야 할 것 같아요. 이런 갑작스런 경조사 연락이 저한테는 우발적인 사고 같아요."

경조사비 때문에 부업을 해야 할 정도라면 심각한 '예스걸'은 아닐까라는 생각이 들었다. 자신의 삶에서 일어나는 문제를 주체적으로 받아들이지 못하고 남 탓만 하는 Z가 안타까웠다. Z가 자신의 인간관계 속에서 일어나는 일들을 왜 우발적 사고라고 생각하는지 궁금했다.

우발적 사고가 아닌 이유

Z는 사회생활을 하는 직장인이다. 그렇다면 경조사가 우발적인 사건이 아니라는 인식이 있어야 한다. Z의 생각대로 경조사비가 아깝게 느껴진다면 사람과 접촉이 적은 직업으로 바꾸거나 퇴사를 하면 된다. 직장생활을 하더라도 지인들과도 연락을 끊고 은둔형으로 홀로 살아가면 그만이다. 그러나 남들의 이목 때문에 보통의 사람들은 그렇게 행동하지 않는다. 다른 선택을 할 수 있었지만 그렇게 하지 않고 경조사에 참석했다면 그것은 우발적인 사고가 아니라 Z의 선택인 것이다.

Z는 사회에서 성공이라고 부르는 모든 것을 다 누려보고 싶었다. 대학입시에 성공하고, 취업에 성공해 '사원증'을 목에 걸었다. Z는 남들에게 '대기업에 다니는 성공한 여성'이라는 이미지를 보여주고 싶었을 것이다. 취업을 준비하면서 Z는 꼭 해보고 싶었던 한 가지가 '대기업 사원증을 목에 걸고 동료들과 커피를 마시며 거리를 걷는 것'이었다. Z는 인간관계에서도 성공한 여성이어야 했다. 지금 당장은 결혼을 하고 싶지 않겠지만 언제라도 만날 수 있는 가능성은 열어두고 싶었다. Z에게 인간관계로 인해 발생하는 경조사비는 우발적인 사고가 아

닌 Z의 선택인 것이다.

Z는 주체적으로 삶을 이끌지 못하고 남에게 보이는 삶에 연연했다. 부모님이 딸이 취직해서 선물을 사왔다고 주변에 자랑할 때는 성공한 기분이었지만 부모님이 진정한 행복을 느낄 안부 전화를 먼저 드리진 않았다. 기다리다 지친 부모님이 먼저 전화를 하곤 했다. 선물이나 용돈을 못 드린 것을 자책하기 전에 부모님과의 정서적인 교류가 먼저임을 Z는 알지 못했다. Z는 부모님과의 관계마저 주체적으로 이끌지 못하고 주변의 눈치를 살피고 있었다.

부모님께 일어나는 경조사도 우발적 사건이 아니다. '우발적 사고'란 '발생하는 시기를 예측할 수 없고, 손해의 정도를 추정하기 어려운 사고'라는 의미다. 하지만 부모님과 관련된 경조사는 Z가 예측할 수 있는 일이다. Z의 부모님은 올해 57세다. 앞으로 환갑과 칠순에 대한 경조사를 준비하면 된다. 지금부터 4년 뒤에 있을 환갑을 어떻게 해드릴지 고민하면 된다. 칠순도 아직 13년이라는 시간이 남아 있다. 여행을 갈지 가까운 가족들과 식사를 할지 부모님과 상의한 뒤 차근차근 준비하면 될 일이다.

지인들 혹은 직장동료의 경조사비가 부담이라면 선물을 보내는 방법도 있다. 참석하지 못할 때는 현금보다는 선물로 경조사비를 줄일 수 있다. 할인을 받을 수 있고 상품권과 쿠폰을 사용할 수도 있기 때문이다. 선물을 사고 받은 마일리지로 생필품을 구매하거나 현금처럼 사용할 수도 있다.

Z는 경조사에 입고 가는 옷에 대한 비용도 부담스러워했다. 친구들끼리 서로 입고 온 옷과 신발, 가방, 액세서리를 탐색하고 은근히 경쟁했기 때문이다. 헤어와 메이크업을 전문 숍에서 받고 가는 Z의 취향까지 바꾸라고 할 순 없었다. 대신 특별한 날을 위한 메이크업 단기 클래스를 통해 직접 배워보라고 권유했다. Z가 사용하는 화장품 브랜드는 백화점에서 수시로 메이크업을 시연해주는 이벤트를 열고 있었다. 화장품도 사고 전문가에게 메이크업까지 받을 수 있는 찬스였다. Z가 조금만 시선을 바꾸면 경조사를 우발적인 사고로 생각하는 대신 진심으로 축하해줘야 할 기쁜 자리로 인식할 수 있을 것이다.

●
●
  Z의 직장생활은 즐거워 보이지 않았다. 취업 재수까지 해서 입사한 회사지만 월급만 아니면 퇴사를 하고 싶었다. 시간과 돈을 맞바꿨으니 회사에서 Z의 마음은 지옥이었다. 아침 미팅을 시작으로 오전 내내 결론이 나지 않는 회의의 연속, 읽지도 않는 회의록을 작성하고, 오전엔 쉬다가 점심 먹고 일을 시작하는 선배들은 야근을 당연하게 생각했다. 갑작스럽게 잡히는 회식도 적응이 되지 않았다. 주말에도 회사에 불려나가 일을 했고, 여름휴가도 눈치를 봐가며 다녀왔다. 정시 퇴근을 하는 날에는 '선보러 가냐, 병원에 가냐' 상사의 말을 들으며 퇴근을 해야 했다. 개인적인 사유까지 말해야 하는 분위기가 적응이 되지 않았다.

  'NO'를 할 줄 몰랐던 Z는 회사 생활에 지쳐갔다. Z도 처음부터 그랬던 건 아니다. 처음에는 반항도 해보고 선배한테 자신의 고민도 털어놨지만, 일하기 싫어하는 사람으로 소문이 났다고 했다. 그 후로는 누군가에게 고민을 이야기하기도 무서웠다. Z는 요즘 '삶에서 무엇이 가장 중요한가'를 자주 생각한다고 했다. 퇴사했을 때의 주변 시선도 걱정이었다. Z는 돈과 시간, 사람들의 시선에서 자유롭지 못했다.

Z를 보며 책《90년생이 온다》가 생각났다. 90년생들은 '일과 삶의 양립'이 가능한가를 으뜸으로 둔다. 그들은 안정적인 삶보다 인간다운 삶을 추구한다. 공무원을 원하는 것도 법정 근로시간에 따라 일하고 쉴 때는 쉬고 싶기 때문이다. 94년생인 Z도 그런 이유로 공무원 시험을 준비하고 있었지만, 제대로 몰입하지 못했다. 돈 때문에 다니는 직장에서 스트레스까지 받으니 사람들이 미워지기 시작했고, 그들과 관련된 일에 대해 부정적으로 변해갔다. 당연히 정이 안든 곳에서 경조사비조차 아깝게 느껴졌을 것이다.

● 몰입하지 못하는 이유

Z는 직장 스트레스를 SNS를 하며 풀었다. 회의 시간에 집중하지 못하고, 인스타그램 댓글에 하트를 남기다가 상사에게 불려간 적도 있다. 사내 메신저와 카톡방에서 상사를 험담하거나 이모티콘을 올리느라 시간을 낭비했다. 집중을 못하니 업무 성과는 저조했고, 기한 내에 마무리 못하는 일들이 늘어

났다. 늦어지는 보고서 때문에 팀장이 잔소리를 한 적도 있다며 Z는 팀장과 동료들을 욕했다. 나에게는 Z가 언제 잘려도 이상하지 않아 보였다. 1년이나 회사를 다니고 있는 게 오히려 신기했다.

Z는 멀티태스킹을 하고 있었다. 입사 1년차인 Z에게는 일에만 집중을 해도 어려운 업무였을 것이다. 그런데 업무 시간에 SNS, 단톡방, 메신저를 수시로 드나드는 산만한 Z의 업무 성과가 저조한 것은 당연한 결과다. 책《딥 워크》를 보면, "어려운 일을 빠르게 익히려면 산만하지 않게 정신을 집중해야 한다."라고 나온다. Z가 업무에 몰입을 못한다면, 앞으로도 지옥 같은 직장생활을 해야만 한다. Z와는 산만한 생각부터 정리하기로 했다.

"당장 회사를 관둘 수 있어요?"

"대출금을 상환하려면 적어도 3년 이상은 관둘 수가 없어요."

내 물음에 동료들과의 불만을 이야기할 때와는 달리 작고 힘없는 목소리로 Z가 대답했다.

"원룸을 정리한 돈으로 대출금을 일부 상환하고 부모님이 계신 곳으로 갈 수 있어요?"

현실을 직시했으면 하는 바람으로 질문을 했다.

"아니요. '취준생'으로 집에 다시 돌아갔을 때 부모님의 실망과 남들의 시선을 감당할 수 없을 것 같아요. 취업했다고 동네방네 소문을 내시고 엄청 좋아하셨거든요."

Z도 이미 알고 있었다. 당장 회사를 정리할 수 없다는 것을.

2020년 코로나19로 취업률은 사상 최저를 기록했다. 실업과 폐업으로 자살하는 사람도 많았다. 누군가는 일을 하고 싶어도 할 수 없는 시대다. Z가 회사를 관둘 수 없다면 업무에 몰입해야 한다. 그동안 업무 성과가 저조했던 Z의 이미지까지 바꾸려면 두 배는 더 몰입해야 한다. 요즘 Z는 제대로 된 일도 받지 못하고 선배들의 업무 뒤치다꺼리와 복사 업무, 파일 정리로 시간을 보내고 있었다. 한번 자리잡은 이미지는 쉽게 바뀌지 않는다.

산만했던 업무 형태부터 바꾸기로 했다. 업무 외 무의미한 단체 카톡방, SNS 사용을 자제하기로 했다. 업무 중간에 다른 일을 하면 잔상이 남아 제대로 된 몰입을 방해하기 때문이다. 업무 시간에 인스타그램 확인만 안 해도 상사에게 불려가서 혼나는 굴욕은 겪지 않을 것이다.

마이크로소프트 대표로 재직할 때 빌게이츠는 몰입하기 위해 씽크위크(Think Week)라는 생각 주간을 가졌다. 그는 외부와의 접촉을 끊고 문명으로부터 고립된 오두막에서 아이디어를 구상하는 몰입의 시간을 가졌다. 그 시간을 통해 회사 경영에 대해 충분히 생각했다. 마이크로소프트의 태블릿PC도 생각 주간 중에 나온 아이디어다. 빌게이츠처럼 오두막으로 들어갈 수 없다면, 적어도 몰입을 방해하는 것들은 제거해야만 만족스러운 직장생활을 이어갈 수 있을 것이다.

● 부채 관리

Z는 월급을 받기도 전에 신용카드로 현금 서비스를 받았다. 독립한 성인이 돈이 필요하다고 부모님께 연락드리는 것도 민망하고, 친구들한테 빌리기에는 자존심이 상했다. 맘 놓고 돈 빌릴 곳이 없었던 Z는 쉽게 현금 서비스를 받았다. 현금 서비스는 남한테 아쉬운 소리 안 하고 돈이 생긴다는 장점이 있다. 하지만 높은 이자율, 연체시 신용도 하락이라는 위기상황이 생길

수 있다. 다행히 일주일 뒤가 월급날이었던 Z는 바로 갚아서 부채가 쌓이지는 않았다.

소액이라도 부채는 늘 위기상황을 초래한다. 직장생활을 시작할 때부터 부채에 대해 계속 배우고 관리해야 한다. 〈시사IN〉에 따르면 '악성 부채에 시달리는 청년은 대개 경제적 자존감과 통제 능력을 상실한다. 이를 되찾기 위해서는 재무 상담이 필요하지만, 청년을 기다리는 것은 상담 채널이 아닌 고금리 소액 대출뿐이다.' Z는 돈을 벌기도 전에 돈을 빌렸다. 악성 부채로 이어지지 않은 건 다행이지만 Z의 마음속에 돈을 쉽게 빌릴 수 있다는 감각이 생긴 셈이다. Z는 돈이 필요하면 마이너스 통장을 만들어 사용하겠다는 생각부터 하고 있었다.

돈을 쉽게 빌려본 경험이 있는 사람은 또 쉽게 돈을 빌린다. 2030은 돈이 필요하면 상담을 받으러 은행에 가지 않는다. SNS와 인터넷의 비대면 상담에 익숙한 세대이기 때문에 대출도 인터넷 대출을 선호한다. 그러나 인터넷에는 소액 대출 안내가 넘쳐나고 이는 고금리 대출로 연결되는 되는 경우가 많으므로 한순간에 악성부채가 생길 수 있다. Z도 이미 학자금 대출과 보증금 대출이라는 부채로 자존감과 통제력을 잃어가고 있었다.

사회초년생은 쌓아놓은 신용도가 없기 때문에 이자가 저렴한 은행에서 대출을 받기도 쉽지 않다. 직장생활을 시작할 때부터 저축은 물론 부채 관리도 시작해야 한다. 남아 있는 대출금의 이자와 원금을 파악해보자. 이자율이 높은 순서대로 상환 계획을 세우고, 이자만 갚아도 유지가 가능한지 알아봐야 한다. 코로나19라는 갑작스러운 경제 위기가 언제 또 닥칠지 아무도 모르기 때문이다. 이럴 때 작은 실수 하나가 모든 것을 한순간에 무너뜨릴 수 있다. 부채를 언제까지는 상환하겠다는 목표 기간을 정하자. 지금은 적자 생활이지만 몇 개월 후면 흑자 생활이 가능하겠다는 희망을 가질 수 있을 것이다.

살다 보면 목돈이 필요한 경우는 부지기수다. 월급이 밀릴 수도 있고 직장을 갑자기 관둘 수도 있다. 수술을 해야 하거나 사고가 나거나 사기에 연루되는 최악의 상황도 일어날 수 있다. 이런 상황들은 결국 경제적 위기로 이어진다. 위기관리의 가장 안전한 방법은 일찍부터 돈을 모아서 애초에 부채를 만들지 않는 것이다. 언제라도 현금으로 쓸 수 있는 유동성 자금을 확보하는 것이다. 현금화가 가능한 물건이나 상품권은 중고 거래나 물물 교환을 통해 현금으로 확보하자. 청년 지원에 대한 정부 지원 관련 사이트에도 가입해서 자신에게 맞는 금융정책과 부채 관리 혜택을 놓치지 않도록 노력해야 한다.

11장

네가? 내가?
데이트 비용

"과거는 상관없어, 아프긴 하겠지.

하지만 둘 중 하나야. 도망치거나 극복하거나……"

–영화 〈라이온킹〉 중에서

"네가 낼래? 아니면 내가 낼까? 데이트를 할 때마다 서로 눈치를 보게 돼요."

그들도 연애 초기에는 얼굴만 바라봐도 웃음이 나오던 커플이었다. 대학 시절 영화 동아리에서 처음 만났고, 5년 동안 연애한 장수 커플이다. 보통의 연인들처럼 만나면 최신 영화를 보고, 맛집과 소문난 커피숍을 찾아다녔다. 장수 커플인 그들에게 문제가 생긴 건 D가 군대에 가면서부터다. 학생일 때는 서로 아르바이트를 했기 때문에 데이트 비용에 문제가 없었다. D가 밥을 사면 상대가 커피를 사는 식이었다. 학생 수준에 맞춰 데이트를 했기 때문에 문제가 되지 않았다. 그러나 D가 군대에 가고 애인이 취업에 성공하면서 그들 사이는 어긋나기 시작했다.

제대하고 D는 복학을 했다. 취업 준비로 애인이 데이트 비용의 대부분을 부담하면서 문제가 생겼다. D는 학교를 다니다가 주말이면 서울에 있는 애인 자취방에 머물렀다. 코로나로 집에 있는 시간이 늘자 애인의 생활비도 늘었다. 나이가 드니 데이트 비용의 규모도 달라졌다. 애인은 직장생활을 하면서 동료들의 연인 이야기를 들으며 비교를 하게 되었고, 가끔은 자기도 특별한 이벤트를 받고 싶어 했다. 그럴 때마다 학생인 D는 자존심이 상할 수밖에 없었다. 요즘 D는 수없이 생각했다며, 내게 물었다.

"데이트 비용을 줄이자고 만나는 횟수를 줄여야 하는 걸까요? 가난한 제가 애인과 헤어지는 게 맞을까요?"

그들은 데이트 비용을 줄여보려고 노력했지만 날씨가 좋은 날에는 예쁘게 차려 입고 경치 좋은 곳에서 사진도 찍고 싶었다. 휴가 때는 동료들처럼 애인과 해외여행도 가고 싶었다. 하지만 돈 때문에 가지 못했다. 데이트 비용의 대부분을 애인 쪽에서 부담했다. 성인이 된 D가 부모님께 데이트 비용 내자고 손을 벌릴 수는 없었다. 학교 공부 때문에 아르바이트를 더 늘릴 수도 없었다. 1년 뒤에는 취업을 할 수 있을지 D 스스로도 확실치 않다. D는 앞으로도 데이트 비용에 대해 모르는 척하며 애인을 더 만나야 할지 애인을 놔줘야 할지 고민이다.

D에게 입장을 바꿔 생각해보라고 했다. 동생이 애인이 돈이 없단 이유로 부모님한테 받은 용돈을 데이트 비용으로 다 썼다고 하면 어떨까? 월급으로도 부족해서 투잡까지 뛰며 데이트 비용을 부담했다면? 아마 동생에게 그놈과 당장 헤어지라고 난리를 쳤을 것이다. 그들은 햇수로 5년을 만났지만 군대 가고 복학하는 동안에는 제대로 된 연애도 못했다. 앞으로 애인이 1년만 더 기다려주면 좋겠지만 불확실한 미래를 함께 견뎌달라고 말할 자신은 없었다. D는 애인에게 많이 미안해하고 있었다.

D의 이야기를 들으며 D의 애인이 궁금했다. 내가 그 입장이라면, 과연 애인을 위해 3년을 기다릴 수 있었을까? 확신 없는 미래를 함께 견딜 수 있을까? 대답하기 쉽지 않았다. 그들의 힘든 연애 이야기를 들으며 나도 마음이 아팠다. 군대를 원해서 간 것도 아니고 인생의 가장 눈부신 날들을 나라를 위해서 쓴 D에게 고마운 마음이 들었다.

"커플 데이트 통장을 만들어보면 어떨까요?"

D에게 애인과 함께 데이트 통장을 만들어보라고 제안했다.

그들은 서로를 무척 사랑하고 있었다. 애인이 모든 데이트 비용을 부담하게 하지 말고, 조금씩이라도 함께 저축해보라고 했다. D는 아직 학생이니까 애인이 조금 더 부담하게 하고, 대신 통장을 애인 명의로 만들어줘서 연말정산 혜택을 받을 수 있게 하는 방법도 알려줬다. 애인 집에서 데이트를 하게 되면 요리나 설거지, 빨래, 집 청소는 D가 해서 애인에게 쉬는 시간을 선물해주라고 조언했다.

어쩌면 D가 1년 뒤 취업에 성공해서 애인과 영원히 함께 살수도 있다. 행복한 인생을 설계하고 싶다면 결혼 전에 커플 데이트 통장을 만들어 서로에게 신뢰감을 줄 수 있다. 계획 없이 흥청망청 소비하는 사람과 평생을 함께 살 생각이 들지 않는건 누구나 마찬가지다. 서로의 소비 패턴을 알 수 있는 좋은 기회이기도 하다. 향후 함께 가정을 꾸려나가게 된다면 미리 경제 계획도 세울 수 있다.

요즘은 젊은 연인들 사이에 데이트 통장, 커플 통장, 여행비

통장을 만들어 함께 저축하는 합리적인 커플이 많다. 서로 과소비도 줄이고 데이트 비용에 대해 네가 낼지 내가 낼지 눈치 볼 필요가 없기 때문이다. 연애 시절 데이트 통장을 준비한 연인들이 결혼을 하게 되면 통장에 남은 돈은 종잣돈이 되어 더 많은 돈을 저축할 씨앗이 된다. 또는 여행 경비나 이벤트 통장으로 활용하기도 한다.

D는 어떤 통장을 선택하면 좋겠는지 물었다.

"애인의 소비 패턴에 맞춰보는 건 어떨까요?"

통장과 카드를 만들기 전에 서로의 소비 패턴과 관심사 등을 분석하여 둘 중에 좀 더 꼼꼼한 사람 명의로 통장을 개설하라고 했다. D와 애인은 영화를 자주 보는 커플이었다. 영화 할인 카드를 만들도록 권유했다. D가 학생이기도 했지만 애인이 외동딸이고 부모님은 일을 하고 계셨다. 애인이 연말정산에서 혜택을 받을 수 있는 항목이 거의 없었다. 애인의 주거래 은행에 통장을 개설했다. 소득이 많은 사람이 아니라 연말정산 때 환급을 많이 받을 수 있는 사람의 명의로 개설해야 혜택을 제대로 받을 수 있다.

함께 쓰는 통장일수록 함께 관리해야 한다. 애인이 통장을 가지고 있고, 카드는 D가 사용하기로 했다. 애인도 그동안 D의 자존심이 상할까 봐 걱정을 많이 했다며 카드는 D가 사용하기를 원했다. 오히려 함께 '돈'에 대해 터놓고 말할 수 있어서 다행이라고 말했다. 그들은 대화를 나누며 많은 오해를 풀었다. D는 하루라도 빨리 취업을 해서 데이트 통장에 더 많은 돈을 저축할 수 있게 노력하겠다고 애인에게 말하며 밝게 웃었다.

통장 명의자인 애인에게 입출금 문자서비스가 가도록 설정했다. D는 가계부 어플로 사용 내역을 기록해서 애인에게 보냈다. 그들은 한 달에 한 번씩은 무조건 서로의 지출에 대해 이야기를 나누기로 했다. 카드 내역서를 보면서 두 사람이 자주 찾는 데이트 장소를 알게 되고 좀 더 혜택을 받을 방법을 함께 찾아나가다 보면 합리적인 소비로 이어져 데이트가 더 즐거워질 것이다. 가끔은 자신의 용돈으로 선물을 사주면 그것 또한 의외의 이벤트가 될 터였다. 동등한 입장에서 연애한다는 느낌은 커플에게 상당히 중요하다.

만약 결혼으로 이어져 서로의 통장을 합치더라도 함께 저축해본 경험이 있기 때문에 돈에 대한 가치관이 달라 싸우기보다는 함께 맞춰나가기 수월할 것이다. 연애 시절 데이트 통장을 통해 적은 돈으로 함께 연습을 해봤기 때문이다.

● 재테크와 연애의 공통점

"잘 지내고 있죠? 혹시 재테크 슬럼프를 겪고 있진 않아요?"

연애가 한창인 D 커플에게 물었다.

재테크와 연애의 공통점은 슬럼프다. 그들도 데이트 통장을 만들면서 재테크를 시작했다. 3개월 동안은 가계부만 써보기로 했다. 장보기는 한 달에 두 번 D가 주도해서 데이트날에 맞추기로 했다. 여행은 그가 취업하기 전까지는 1년에 딱 두 번, 해외여행은 취업 이후에 가자는 등 원대하고 꼼꼼한 재테크 계획도 세웠다. 그들은 오래된 커플답게 서로가 좋아하는 것과 싫어하는 것을 잘 알고 있었다.

그러나 너무 잘 아는 게 문제였다. 가계부를 작성하기로 한 D는 최대한 자세히, 영수증도 꼬박꼬박 붙여가며 가계부를 썼고, 먹고 싶은 것 놀고 싶은 것 다 참아가며 버텼다. 그러나 6개월이 지날 때쯤 '권태기'가 찾아왔다. 사실 D는 살면서 가계부를 써본 게 처음이었다. 그래서 선뜻 어플을 쓰기보다 책으로 된 가계부에 수기로 작성했다. 반면, 어릴 적부터 용돈기입장과 가계부를 써왔던 애인의 눈에 D가 쓰는 가계부의 허점들이 보였고 자연스럽게 이런저런 조언을 했는데 그게 화근이었다. 결국 그들은 가계부 문제로 크게 싸웠다. 갑자기 지출을 줄인 것도 문제였다. 그동안 데이트 비용을 많이 썼던 애인에게 미안해 D가 허리띠를 너무 졸라맸던 것이다. 장을 볼 때마다 말투가 거칠어지고 괜한 일에 트집을 잡았다. 참다못한 애인은 한 달치 데이트 비용을 마트에서 탕진했다.

"그동안 잘 참았는데…… D에게 서운해요. 가계부를 잘 쓰자고 조언한 건데 기분 나빠하더라고요. 함께 볼 수 있는 '가계부 어플'을 이용하자고 했다가 자길 못 믿느냐며 버럭하더라고요."

그동안 무리하게 참은 것도 문제였고 홧김에 데이트 비용을 탕진한 것도 큰일이었지만 서로 돈에 대한 생각과 가치관을 나눌 수 있어 오히려 다행이었다. 그들은 6개월마다 돌아가며 관리를 해보기로 했다. 문제를 피하지 않고 슬기롭게 대처하고 있었다.

많은 커플이 돈 문제로 싸운다. 도대체 돈을 어디에 썼냐며 추궁하는 말은 절대 하지 말아야 한다. 어디에 썼는지 정녕 몰라서 묻는 말인가. 결국 둘이 같이 쓴 돈 아닌가. 통장과 카드를 나눠가졌다면 각자가 확인해보면 될 일이다. 마트에 가서 장을 본 D에게는 수고했다는 말이 우선이다. D도 취업과 학교생활을 병행하느라 바쁜데 애인을 위해 마트에서 장 보고 가계부를 정리하는 시간을 할애했으니 고마움을 표현하는 것부터 시작했으면 좋았을 일이다. 어차피 데이트 비용만 관리하는 통장이기 때문에 가계부까지 적을 필요도 없었다. 한 달에 한번 체크카드 사용 내역을 출력해서 지출에 대해 간단하게 이야기하면 되는 것이다.

기념일을 관리해주는 '커플앱'으로 추억을 남기고, 쿠폰을 서로 공유해서 사용하는 것도 추천해주었다. 공유지갑앱 '꽉꽉'이는 쿠폰과 지갑을 공유하는 기능도 있지만, 셀프로 'DIY 쿠폰'을 제작할 수도 있다. 예를 들어, '무조건쿠폰'이라는 이름으로 서로에게 한 달에 한번 무조건 소원 들어주기 쿠폰을 만들어 선물하는 식이다. 이벤트 관리앱을 추천한 이유는 재테크를 재미있게 해봤으면 하는 바람에서였다.

이미 시작한 커플 데이트 통장으로 즐거운 추억도 남기고, 소비 습관을 점검해보는 계기도 된다면 재테크의 시작으로는 성공적이다. 타이트하게 운영하려고 했다면 일찌감치 포기하는 게 낫다. 재테크도 연애와 똑같다. 재미있고 즐거워야 오랫동안 함께 할 수 있다.

● 식비 줄이기

애인은 주방에 새싹채소, 쌈채소, 바질과 루꼴라 화분을 두었다. 코로나 때문에 그들은 집에서 데이트하는 날이 많았다. 식비도 줄이고 건강한 음식을 먹어보려고 산 화분이었다. 직접 기른 채소로 샐러드를 만들거나 삼겹살을 먹을 때도 바로 옆에 있는 신선한 채소를 따서 먹었다. 먹는 맛도 맛이지만 기르는 재미 또한 쏠쏠했다.

애인은 평소 집에서 아침을 먹지 못해 출근길에 편의점에 들러 삼각김밥, 샌드위치, 커피를 사먹곤 했다. 가끔 1+1이나, 2+1의 상품을 사게 되면 아침 식비로만 1만 원이 넘었다. 퇴근하고 집까지 와서 밥을 먹으면 배가 너무 고파 폭식으로 이어졌다. 평일에는 편의점 삼각김밥으로 시작해 점심 외식, 저녁도 회사 근처에서 외식으로 해결하게 되었다. 일주일 동안 전기밥솥으로 밥을 하지 않는 날이 늘어갔다. 데이트 비용 외에 자신의 식비도 만만치 않았다.

직장생활을 시작하고 사먹는 음식들은 조미료와 칼로리가 높았다. 자신의 몸에 미안했다. 그러다가 영양제와 유기농 식품을 충동적으로 구매해 오히려 냉장고는 터져나갔다. 일주일 전에 사다놓은 야채가 썩는 줄도 모르고 또 살 때도 있었다. 냉동실 칸도 검은 비닐 뭉치로 가득해갔다. 찾고 싶은 음식을 찾지 못할 정도로 냉장고는 음식물 쓰레기통으로 변해갔다.

결국 몸무게가 5kg 넘게 늘었다. 평소 입던 옷이 불편해지면서 애인은 직접 키운 채소로 샐러드를 준비해 아침을 해결했다. 저녁에는 감자나 고구마를 쪄먹고, 간식으로 하루 견과와 미숫가루를 먹어 배고픔을 이겨냈다. 과일과 야채는 왠만하면 시장에서 그때그때 사다 먹었다. 집콕 데이트를 하고 남는 음식은 평일에 먹을 수 있도록 삼각김밥과 밀프랩을 만들어서 냉장고에 쟁여두었다. 요즘에는 삼각김밥용 키트가 있어 만들기 쉽다. 삼각김밥과 밀프랩 덕분에 편의점에서 쓰던 식비도 줄이고, 덤으로 몸무게도 줄어들었다.

집콕 데이트를 하니까 냉장고 정리도 할 수 있었다. 퇴근이 보통 저녁 9시가 넘기 때문에 청소는 꿈도 못 꿨다. 먼저 다이소에서 파는 천 원짜리 바구니를 이용해 소스병과 반찬들을 바구니에 담았다. 바구니를 이용하면 냉장고가 더러워져도 바구니만 들어서 닦으면 되기 때문에 청소하는 시간을 단축시킬 수 있다. 맨 위 칸에는 유제품을 보관하고, 두 번째 칸에는 평일에 먹을 과일과 야채, 삼각김밥을 용기에 담아 1인분씩 정리했다. 세 번째 칸에는 오래 보관할 수 있는 김치와 젓갈류 등을 넣었다. 작은 고추장과 쌈장, 버터 등은 바구니에 넣어 세 번째 칸에 같이 보관했다. 야채실에는 씻지 않는 야채를 투명한 용기에 보관해서 썩는 야채를 방지했다. 과일 칸에도 남은 과일들을 투명한 용기에 보관했다. 요리를 하고 남은 음식들 중에 냉동실에 넣어야 하는 경우에는 포스트잇에 적어서 응용요리와 함께 붙였다. 예를 들어 오징어가 남았으면, 응용 요리로 오징어 볶음, 오징어 찌개, 오삼 불고기 등을 적어서 다음 요리에 활용했다.

직접 준비하는 밥상으로 카드 값을 절반으로 줄일 수 있었다. 소비적인 부분에서도 안정을 찾을 수 있었고, 냉장고를 정리하면서 공간적 안정도 찾을 수 있었다. 냉장고가 깔끔하게 정리되면서 정서적 안정감이 찾아왔다. 직접 준비하는 식사로 몸에 덜 미안함을 느끼게 되었고 몸무게도 줄었다. 가끔은 남자친구와 절약한 생활비로 외식을 했고 깜짝 여행을 즐기기도 했다.

● 롱런하는 재테크

소득 생활이 가능한 시간은 인생에서 생각보다 짧다. 반대로 돈을 쓸 시간은 평균 수명의 연장으로 과거보다 길어졌다. 부모세대보다 더 치밀한 계획을 세워야만 롱런하는 재테크를 할 수 있다. 이번에도 또 그렇고 그런 저축이 되겠구나 싶다면 바로 초심으로 돌아가야 한다. 재테크의 애초 목적을 생각해볼 필요가 있다. 아마도 미래의 멋진 꿈을 계획했을 것이다. 그러나 시작도 전에 슬럼프에 빠져버리면 아무것도 할 수 없다. 그래서 '셀프 선물'이 필요하다.

슬럼프가 오기 전에 재테크 계획을 성실히 수행해 나가고 있는 나 자신에게 선물을 주는 것이다. 커플 재테크를 시작하고 6개월이 지나면 초심을 잃기 쉽다. 따라서 3개월 단위로 작은 이벤트 선물을 준비하라. 그들에게도 '이벤트 자금'으로 가고 싶은 곳이 있냐고 물어봤고, 당장 떠나라고 재촉했다.

그들이 이벤트 자금으로 간 곳은 '블루베리 체험 농장'이었다. 그 자리에서 블루베리를 마음껏 따먹고 한 바구니는 집으로 가져갈 수도 있었다. 점심으로 블루베리 피자와 아이스크림도 만들어 먹었다며 사진을 보내왔다. 처음으로 이벤트에 쓴 경비는 둘이 합쳐 6만 원이었다. 그들은 함께한 추억을 커플앱에 기록했고 지출 내역도 공유했다. 돌아오는 차 안에서 서로가 생각하는 미래에 대해서도 솔직한 이야기를 나눴다. 불확실한 미래에 대한 불안이 아닌, 행복한 미래를 계획하고 실행하기로 마음먹은 것이었다.

함께 저축을 하면서 먹고 싶은 것, 사고 싶은 것을 참으며 의미 있는 시간들을 함께 했다는 것만으로도 행복했다. 여행을 마치고 집으로 돌아가면서 목표와 꿈을 만든 추억으로 기억에 남을 것이다. 그들은 블루베리 농장에서 산 블루베리 나무를 지금도 키우고 있다. 블루베리를 따서 먹기도 하고 요리에